KB121388

자본주의의 역사

독일 최고 석학 위르겐 코카의

자본주의의 역사

위르겐 코카 지음

나종석 · 육혜원 옮김

북캠퍼스

독일 최고 석학 위르겐 코카의
자본주의의 역사

초판 1쇄 발행 | 2017년 3월 2일
초판 2쇄 발행 | 2018년 7월 17일

지은이 | 위르겐 코카
옮긴이 | 나종석, 육혜원
발행인 | 이원석
발행처 | 북캠퍼스

등록 | 2010년 1월 18일 (제313-2010-14호)
주소 | 서울시 마포구 서교동 366-24 대덕빌딩 401호
전화 | 070-8881-0037
팩스 | (02) 322-0204
전자우편 | kultur12@naver.com

편집 | 최진우
디자인 | 이경란

ISBN: 978-89-965153-7-1 03320

이 책의 국립중앙도서관 출판시도서목록(CIP)은 서지정보유통지원시스템 홈페이지(http://
seoji.ni.go.kr)와 국가자료공동목록시스템(http://www.ni.go.kr/kolisnet)에서 이용하실
수 있습니다. (CIP 제어번호: CIP2017004181)

  2008년 세계 금융 위기가 발발한 이래 "자본주의"는 다시 비판의 대상이 되었다. 1991년 소련의 붕괴와 함께 "대안 체제"가 사라지자, 자본주의가 역사의 마지막 장을 차지하고 다른 모든 경제 형태를 능가하는 것처럼 보였다. 하지만 엄청난 결과를 초래한 금융 위기의 폐해 때문에 "자본주의"의 명암, 모순과 발전 잠재력, 성과와 피해가 새롭게 조명되고 있다.

  독일의 사회사 학파를 대표하는 석학, 위르겐 코카 교수는 이 분야에서 국제적으로 명성이 높다. 그는 이 책에서 근대 초기부터 펼쳐진 자본주의의 형성과 발전 그리고 19세기와 20세기에 펼쳐진 자본주의의 세계적인 확산을 포괄적으로 소개한다. 또한 자본주의의 상업 및 산업화 과정 그리고 자본주의에서 나타난 노동과 생활의 변화도 일목요연하게 서술한다. 그러므로 이 책은 오늘날 전 세계 사람들에게 영향을 미치고 있는 자본주의 역사에 대한 탁월한 입문서이자 비판적인 안내서 역할을 할 것이다.

차례

I.
자본주의란 무엇인가?

1.
논란을 불러일으키는
개념의 형성사

"자본주의"라는 말은 논란을 불러일으키는 개념이다. 그래서 많은 학자들이 이 개념을 기피한다. 자본주의라는 개념이 너무나 논쟁적이라고 여겨지는 이유는 이 개념이 비판을 위해 생겨났고, "자본주의"라는 말로 지칭되는 사회현상에 대한 부정과 비난이 수십 년이나 지속되었기 때문이다. 이 개념은 다양하게 정의되기도 하지만 때로는 정의할 수 없는 것으로 판단되기도 한다. 사실 이 개념은 너무나 다의적으로 해석되므로 명확히 한정하기가 어렵다. 사정이 이렇다면 "자본주의"라는 개념을 포기하고 차라리 "시장경제"라는 표현을 사용하는 것이 더 낫지 않을까?

다른 한편으로 자본주의에 관한 토론에 크게 기여한 권위 있는 사회과학자들과 정신과학자들이 많다. 냉전 ― 이 용어 역시 핵심 개념을 둘러싸고 치열한 설전이 벌어졌다. ― 이 끝난 지 사반세기가 지나자 자본주의의 개념은 학문적 토론장에서 다시 기세를 떨치고 있다. 2008년부터 불거진 세계 금융 위기와 채무 위기로 인해 자본주의에 대한 비판적인 관심이 증폭되었다. 근래 〈뉴욕타임스〉는 미국 대학에서 자본주의의 역사를 다루는 강좌가 새롭게 붐을 이루고 있다고 보도했다. 자본주의의 개념은 유럽에서도 이전과 달리 활발하게 논의되고 있는데, 경제학자들보다도 언론인, 사회과학자, 정신과학자 들 사이에서 더 큰 주목을 받고 있다.[1]

"자본주의capitalism"라는 말은 프랑스어, 독일어, 영어에서 19세기 후반에 와서야 본격적으로 사용되었다. 하지만 "자본capital"이나 "자본가capitalist"라는 말은 그 전에 이미 정착되었다. 독일어에서 "자본Kapital"이라는 개념은 상인들이 쓰는 말에서 유래했으나, (16세기 초 흔하게 사용되었다가) 17세기와 18세기에 형성된 사회과학과 경제학의 용어로 전이되었다. 이 개념은 처음에는 (투자했거나 빌려준) 돈을 뜻하다가 이후에는 돈, 금전상의 가치가 있는 것, 유가증권, 상품, 생산 설비 등으로 이루어진 재산을 뜻하게 되었다. 이때 재산은 소비되거나 축적되는 것이 아닌 "이윤을 창출하는"(1776년) 것이었다.

"자본가"는 17세기 이래 "현금과 많은 재산을 가지고 이자와 연금으로 생활할 수 있는, 자본이 풍부한 사람"을 일컫는 말로 사용되었다. 돈을 빌려주는 사람, 다시 말해 "자본을 가지고 거래하는"(1717년) 상인, 은행가, 연금 생활자 등이 "자본가"로 불리게 된 것이다. 하지만 때로는 필요한 소비지출을 하고도 남는 자신의 노동이나 수입의 잉여를 새롭게 생산과 노동에 투입하는 취업자들도 "자본가"로 불리게 되었다(1813년). 게다가 18세기 후반부터 자본가들은 점차 노동자들과 구분되더니 결국에는 완전히 대립적인 위치에 섰다. 자본가는 이제 임금이나 연금이 아닌 수익으로 생활하는 "고용주"(출판사 사장, 공장주, 상인) 계급으로 불렸다(1808년). 이미 여기에서 드러난 이 개념의 계급사회적인 색채는 이후에 점점 강해졌다. 대중의 빈곤이 심해지고 1848~49년에는 혁명적 소요 사태가 발생했으며 독일에서도 공장 건설과 임금노동을 발판으로 산업화가 진행되었다. 당시뿐만 아니라 19세기 초까지 각국의 주요 관찰 대상은 이미 자본주의적인 산업화가 펼쳐진 영국이었다.[2]

"자본주의"라는 말은 초기에 사람들의 입에 오르내리긴 했지만 두드러진 인상을 남기지 못했다. 그러다가 19세기 중반부터 먼저 프랑스에서, 1860년대부터는 독일에서, 조금 더 지나서는 영국에서 계급사회를 비판하는 색채를 띤 말로 자리매김되었다. 1850년 프랑스의 사회주의자 루이 블랑Louis Blanc은 자본주의를 "다른 사람들을 배제하고 혼자서 자본을 독점하는 행위"라고 비판했다. 프루동Pierre Joseph Proudhon은 1851년 파리의 주택 시장에서 거래되는 부동산을 "자본주의의 요새"라고 규정하며 임대료 폭리와 투기를 막는 조치를 취해야 한다고 주장했다. 1867년 프랑스의 권위 있는 한 사전은 "자본주의"라는 말을 신조어로 등재하면서 그 개념을 "자본 또는 자본가의 권력"으로 규정했고 참고 항목으로 푸르동을 올렸다. 1872년 독일의 사회주의자 빌헬름 리프크네히트Wilhelm

Liebknecht는 "산업의 전쟁터"에서 만행을 일삼는 "자본주의의 악마"라는 저주를 퍼부었다.[3]

자본주의의 개념은 적어도 독일에서는 부정과 비난의 기존 어조를 탈피하기 시작했다. 카를 마르크스Karl Marx는 비록 "자본주의"라는 말은 거의 사용하지 않았지만,* 1850년대와 1860년대에 이르러 "자본주의적 생산양식"에 대해서는 여러 번 언급했다. 국가사회주의적인 이념을 표방한 경제학자 로트베르투스Rodbertus는 1869년 "자본주의는 사회적인 체제가 되었다."라고 말하기도 했다. 1870년 자유주의적이고 보수적인 성향을 지닌 국가 경제학 교수 알베르트 셰플레Albert Schäffle는 《사업 형태와 재산 형태에 초점을 맞춘 자본주의와 사회주의》라는 책을

---

* 《자본론》에서도 자본주의라는 말은 제2권에 단 한 번만 나온다. 그 구절에서 그는 재생산 문제와 관련해 자본가 잉여가치를 전부 소비하고 최초의 자본만을 생산자본으로 전환한다고 가정한다. 하지만 "이러한 가정은 자본주의적 생산이 존재하지 않는다는 가정, 따라서 산업자본가 자체가 존재하지 않는다는 가정과 똑같다. 왜냐하면 **자본주의**의 추동력으로 작용하는 것이 부의 축적 그 자체가 아니라 향락이라고 가정할 경우, 자본주의의 존재 기반이 이미 제거돼버리고 말기 때문이다."(마르크스–엥겔스 저작집 MEW 제24권, 123쪽. 강조는 옮긴이.) 따라서 마르크스는 자본주의의 추동력은 부의 축적이지 향락이 아니라고 여긴다. 나아가 마르크스는 "이러한 가정은 기술적으로도 불가능하다. 자본가는 가격 변동에 대비하고 매매에 가장 유리한 경기 상황을 기다릴 수 있도록 예비 자본을 갖추어야 하며 생산을 확대하고 기술적 진보를 자신의 생산조직에 결합할 수 있도록 자본을 축적해야만 한다."고 말한다. 마르크스는 이미 《자본론》 제1권의 서두에서 이와 관련된 자신의 강령을 다음과 같이 말했다. "자본주의적 생산양식이 지배하는 사회에서 부흡는 '상품의 거대한 축적'으로 나타난다."(마르크스–엥겔스 저작집 MEW 제23권, 49쪽) − 옮긴이

출간했다. 이 책은 임금노동과 자본의 대립에 대해 자세하게 다루었다. 마이어 백과사전Meyers Konversations-Lexikon은 1876년판에서 "자본"을 설명하면서 처음으로 "자본주의"에 대해 언급했고, 이와 관련해 참고 항목으로 셰플레를 올렸다. 당시 널리 알려진 이 백과사전은 1896년에 가서야 "자본주의"에 관한 항목을 만들어 "사회주의적이고 집단주의적인 생산양식과는 대조적인 자본주의적 생산양식"에 대해 심도 있는 설명을 덧붙였다.

1902년 베르너 좀바르트Werner Sombart의 대작《근대 자본주의Der moderne Kapitalismus》가 출간되었다. 이 책은 자본주의의 개념이 정착되는 데 결정적으로 기여했다. 이 책이 출간된 뒤 자본주의의 이론과 역사 및 현 상황을 다루는 사회과학 서적과 역사 서적이 급속도로 늘어났는데, 상당 부분은 좀바르트의 이론과 대결하는 양상을 보였다. 좀바르트는 자신의 저서를 마르크스의 작업을 계승해서 완성한 것으로 이해했지만, 실은 기업가와 기업의 역할을 강조하고 "자본주의 정신"에 초점을 맞추었으며 중세 이탈리아까지 거슬러 올라가는 시각을 보임으로써 마르크스보다 훨씬 더 방대한 규모의 연구 업적을 쌓았다.[4] 영국에서 "자본주의"의 개념은 1890년대에 이르러서야 어느 정도 부각되기 시작했으며, 본격적인 논쟁은 제1차 세계대전 전후에 활성화되었다. 자본주의의 개념은 브리태니커 백과사전Encyclopaedia Britannica 11판(1910~1911년)의 "자본Capital" 항목에서 짧게 언급되었다가 1922년의 12판에서 독자적인 항목으로 자세하게 다루어졌다. 이 12판에서 자본주의는 사적인 소유자가 생산수단을 소유해 생산을 목적으로 관리자와 노동자를 고용하는 체제를 가리키는 말로 규정되었다.[5]

요컨대, 자본주의의 개념은 비판의 정신과 비교의 시각에서 생겨났다. 자본주의라는 말은 흔히 동시대의 상황을 서술하기 위해 사용되었는데, 그것에는 이전 시대와의 차이점을 부각하여 자신의 시대를 새롭고 근대적인 시대로 파악하려는 의도가 깔려 있었다. 다른 한편, 현재를 이제 막 등장한 사회주의의 초기 이념과 대비하기 위해 사용되기도 했다. "자본주의"라는 개념은 과거를 기억 속에서 미화하는 입장과 더 나은 미래, 즉 사회주의적인 대안을 꿈꾸는 입장이 뒤섞인 가운데 대개는 동시대 상황에 대한 비판적인 시각에서 생겨났다. 하지만 자본주의의 개념은 학문적인 분석에 유용하게 사용되었다. 자본주의의 개념이 지닌 이와 같은 이중적인 기능 때문에 그 개념에 의혹을 품는 사람도 있었고, 그만큼 더 흥미롭게 여기는 사람도 있었다. 자본주의의 개념이 지닌 이와 같은 두 가지 기능은 이런 양 진영에 방해가 되지 않았고 또 방해가 될 필요도 없었다. 이런 상황은 오늘날까지도 여전히 유효하다.

2.
세 명의 대가들:
마르크스, 베버, 슘페터

19세기 후반과 20세기 초반에 많은 사회과학자와 문화
학자가 자본주의를 당대를 규정짓는 결정적인 시대상의
특징으로 파악했다. 또 많은 역사학자는 자본주의의 개
념이 아직 존재하지 않았던 이전 세기들에서 펼쳐진 자
본주의의 역사를 연구하기 위해 그 개념을 앞당겨 사용
했다. 독일의 학자들은 영국과 프랑스의 학자들보다 더
활발하게 자본주의에 관한 학문적 토론에 참여했다. 그
들은 자본주의의 개념이 정치적 투쟁 개념에서 분석적이
고 정교한 체제 개념으로 확대되는 데 기여했다.[6] 여기서
자본주의를 정의하고, 자본주의에 관해 토론할 때 오늘날

카를 마르크스 묘지의 두상

까지도 큰 영향을 미치고 있는 카를 마르크스Karl Marx, 막스 베버Max Weber, 조지프 슘페터Joseph A. Schumpeter에 대해 살펴보자.

카를 마르크스는 "자본주의"라는 말을 거의 사용하지 않았다. 하지만 그는 자본주의적 생산양식에 대해 상세하고도 집요하게 서술해 그의 자본주의관은 다음 세대들에게 가장 큰 영향을 미쳤다. 마르크스가 견지한 자본주의 개념의 주요 요소는 네 가지로 요약할 수 있다.

1. 마르크스는 분업과 화폐경제에 바탕을 둔 발전된 시장을 자본주의의 핵심 요소로 여겼다. 그는 경쟁이

기술과 조직의 진보를 이끄는 반면 시장 참여자들을 서로 무자비하게 대립시킨다고 강조했다. 또 그는 시장의 "법칙"이 지닌 강제적인 성격을 파헤쳤는데, 자본가와 노동자, 생산자와 소비자, 판매자와 구매자들은 개인적인 동기가 어떻든 시장의 법칙을 반드시 따라야 하며 그렇지 않을 경우, 파멸의 대가를 치르게 된다고 하였다.

2. 마르크스는 무제한적인 축적을 자본주의의 특징으로 여겼다. 이러한 축적이 의미하는 바는 자본은 자본의 형성과 축적이 자기 목적인 것처럼 지속적으로 확장한다는 것이다. 자본은 처음에는 최초의 자본 형성인 "원시적 축적"에서 비롯되어 나중에는 노동에서 창출되는 이윤을 재투자함으로써 얻어진다. 따라서 자본은 "응축된" 노동이다. 자본은 이전 노동의 생산물이 소비되지 않고 이후의 노동을 위한 조건으로 다시 투입되기 때문에 생겨나는 것이다.

3. 마르크스는 두 가지를 자본주의 생산양식의 핵심으

로 파악했다. 하나는 생산수단을 소유한 자본가와 이들에게 종속된 경영자 또는 관리자 사이의 긴장 관계이다. 그리고 다른 하나는 생산수단을 소유한 자본가와 생산수단을 소유하지 못하고 계약으로 묶인, 하지만 그 외에는 자유로운 노동자 사이의 긴장 관계이다. 이 양측은 교환 관계(노동이나 노동력이 상품이 되는 관계, 즉 노동력을 제공하거나 일을 해주고 임금이나 봉급을 받는 관계)와 지배―종속 관계로 서로 결합되었다. 자본주의는 이러한 관계를 이용해서 노동자를 '착취'할 수 있었다. 여기서 착취라는 말은 노동자가 창출한 가치의 일부인 잉여가치가 노동자에게 제공되지 않거나 지불되지 않는 것을 의미한다. 이 잉여가치는 자본가 또는 기업가의 소유가 되는데, 이들은 이 잉여가치를 이용해서 축적을 확대하거나 소비생활을 한다. 마르크스에 따르면, 이렇게 이해된 자본과 임노동의 관계가 체제의 역동성뿐만 아니라 계급투쟁도 유발했다. 이러한 계급투쟁 때문에 결국 부르주아'와 프롤레타리아가 적대 관계를 이루게 되었다. 마르크스는 이런 상황을 프롤레타리아가 나서서 자본주의 체제를 무너뜨릴 혁명의 조건으로 여겼다. 이 혁명은 기존의 체제와는 다른 사회주의적 또는 공산주의적 대안을 추구하는 것이지만, 마르크스는 이 대안에 대해 자세히 언급하지 않았다. 마르크스는 프롤레타리아에게 역사적 사명을 인식하도록 촉구한 호소로 읽힐 수 있는 이러한 예측을 통해 자신의 이론을 실천적인 행동 지침으로 변화시켰고, 실제로 19세기 후반에 이르러 많은 사람들이 행동 지침 그 자체로 받아들이기도 했다.

4. 마르크스는 자본주의 체제가 지닌 엄청난 역동성에 주목했다. 그는 자본주의 체제는 부르주아가 중심이 되어 낡은 모든 것을 해체하고 전 세계로 확산되며, 자기 논리를 경제 이외에 다른 생활 분야로 확대하려는 욕구가 있을 뿐만 아니라 실행에 옮길 능력도 있다고 보았다. 마르크스는 자본주의 생산양식이 사

---

* 중세 때 도시가 발달하기 시작하면서 가내공업이나 장사와 무역을 통해 부를 축적해 부유해진 도시민들이 늘어났다. 이들은 '부르bourg'라 불리는 성채에 모여 살았는데, 이 부르에 사는 사람들을 부르주아bourgeois라고 했다. 따라서 부르주아는 원조 자본가라고 할 수 있으며 이후 의미가 확대되어 도시에 사는 사람들뿐만 아니라 부유한 중산계급의 시민을 총칭하게 되었다. – 옮긴이

회, 문화, 정치에 결정적인 영향을 미치는 경향이 있다고 확신했다. 경제학자 애덤 스미스가 "상업 사회 commercial society"로, 철학자 헤겔이 "시민사회"로 서술한 것을 마르크스는 "자본주의적 사회구성체"로 설명했다.

마르크스는 프리드리히 엥겔스와 함께 독일뿐만 아니라 선진 유럽의 상황도 관찰했고, 산업혁명을 시대적 변혁으로 인지했으며 누적된 노동자 문제가 지닌 사회적 파괴력을 인식했다. 마르크스는 "자본주의적 사회구성체"라는 표현을 통하여 나중에야 완전한 모습이 드러난 '대기업'과 대규모 임금노동이 중심이 된 산업자본주의의 정의를 미리 내린 셈이다. 마르크스는 산업화 이전에 여러 가지 형태의 자본주의가 존재했다는 사실을 부인하지 않았지만, 그것에 대한 연구는 하지 않았다. 그가 관심을 가졌던 것은 근대의 산업 경제와 그 (16세기 이후 영국에서의) 형성 과정이었다.

마르크스의 자본주의관은 다양한 비판을 받았다. 마르크스가 시장의 순화 효과를 과소평가한 반면, 노동을 새롭게 창출된 가치의 유일한 근원으로 과대평가했다는 비판은 설득력이 있다. 그리고 그가 생산성의 근원으로서 지식과 조직의 중요성에 주의를 기울이지 않은 점과 산업 자본주의의 사회적 영향을 예측하는 데 실패했으며 유럽식 사고방식의 전통으로 말미암아 시장과 교환, 이기심을 불신했다는 점도 비판받았다. 하지만 마르크스의 분석은 독창적이고 매력적이며 새로운 이정표를 세운 것으로 평가받고 있고, 오늘날까지도 자본주의 해석자들이 대부분 — 비판적인 입장을 견지하면서도 — 참고하고 있다.[7]

막스 베버는 서양의 근대화라는 포괄적인 역사의 맥락에서 자본주의를 연구했다. 따라서 그는 자본주의의 개념을 산업 시대에만 한정하는 관행에서 벗어날 수 있었다. 막스 베버는 마르크스와는 달리, 자본주의가 위기를 맞아 몰락할 것이라고 기대하지 않았다. 오히려 그는 지나친 조직화와 관료화 때문에 자본주의의 동력이 경직될지도 모른다고 우려했다. 또한 그는 장차 사회주의 체제가 우위를 차지할 것이라고 생각하지도 않았다. 그의 분석은 마르크스의 분석보다 주제도 더 광범위했고 역사적

막스 베버

으로도 더 멀리 나아갔다.

　베버는 교환과 시장가격에 따라 움직이는 자본주의 경제활동의 특성을 날카롭게 분석했다. 그는 시장가격을 시장에서의 경쟁과 타협의 결과로 이해했다. 그리고 자본주의 경제의 "형식적 합리성"*을 강조했는데, 자본주의 체계는 이러한 형식적 합리성에 따라 조직되고 운영된다고 보았다. 그는 또 자본주의 기업이 다른 경제주체인 가계와는 분리되며, 체계적이고 합목적적인 조직화와 장기

---

* 베버는 사회생활이 엄격한 법칙에 종속되고, 경제에서는 정확한 계산이 확대되며, 과학적 방법이 생산에 적용되는 것을 합리성이라고 정의한다. 형식적 합리성은 기술적으로 가능하고 실질적으로 적용 가능한 양적 계산이나 기술을 의미한다. 베버는 서구의 산업화를 형식적 합리성이 강화되는 과정으로 보았으며, 관료제를 최고의 형식적 합리성으로 여겼다. - 옮긴이

적인 수익성을 지향하고 있음을 강조했다. 그는 기업의 체계적이고 합목적적인 조직화를 위해서는 분업과 협업, 생산수단을 소유하지 않은 노동자들의 형식적으로 자유로운 노동, 노동자들의 업무 규율 준수, 즉 궁극적으로 자본 소유자에 의해 인정된 경영자와 관리자의 지시에 대한 노동자들의 복종이 필요하다고 보았다. 그는 자본주의 기업의 효율적인 경영을 위해 한편으로 금융시장과 자본시장이 전제되어야 하고, 다른 한편으로는 특수한 경제 신념이 꼭 필요하다고 생각했다. 그의 판단에 따르면, 이 신념은 무제한적인 영리 추구와 동일시되어서는 안 되며, 영리 추구의 "합리적인 조절"을 요구한다. 이것은 기업이 장기적 성공이라는 목표를 세우고 장기적 안목으로 투자와 재투자를 해나가는 것을 말한다. 베버는 이러한 "자본주의 정신"의 중요한 원천을 16세기 이후의 칼뱅주의적이고 청교도적인 윤리에서 찾았다(이러한 점에서 베버는 베르너 좀바르트와 반대 입장에 섰다. 좀바르트는 자본주의 정신이 형성되는 데에는 중세 이래로 유대인들이 큰 역할을 했다고 강조했다.).

베버는 자본주의가 사회의 분화 특히 정치에 대한 "경

제"의 상대적인 자율성을 전제로 한다는 점을 이론적 역
사적으로 입증했다. 이러한 자율성은 계약의 자유, 노동
시장의 자유, 상품 시장의 자유, 기업 경영의 자유로 구
체화된다. 다른 한편, 베버는 자본주의의 부상이 수 세기
동안 정치와 법, 국가, 국가가 수행하는 전쟁, 국가의 재
정 수요 등과 같은 경제 외적인 요소들에 크게 좌우되어
왔다는 사실을 설득력 있게 밝혀냈다. 그리고 그는 비경
제적인 수많은 삶의 영역에서도 역동성과 원칙을 관철하
는 자본주의가 지닌 중대한 "문화적 의미"를 확신했다.
그는 앞에서 말한 모든 특징을 나타내는 완전히 발전된
자본주의는 근대의 현상임을 알았고, 이 때문에 근대 자
본주의를 이전의 덜 발전된 자본주의 형태들(초기 자본주
의, 정치 지향적 자본주의, 연금 자본주의, 약탈 자본주의
등)과 구분했다. 베버는 근대 자본주의가 서양에서만 발
생했다고 확신했는데, 그 이유는 무엇보다도 서양에서만
나타나는 국가 형태 때문이라고 생각했다. 하지만 그는
근대 자본주의를 무비판적으로 예찬하지는 않았다. 그는
근대 자본주의의 "형식적인 계산적 합리성"을 부각하면
서도 그것 덕분에 지속해서 증대된 경제적 효율성이 모

든 주민 계층의 지속적인 복지 향상으로 이어지지 않았다는 점도 강조했다. 볼프강 슐루흐터Wolfgang Schluchter는 베버의 확신에 대해 "자본주의에서는 욕망이 충족되는 것이 아니라, 구매력 있는 욕망이 충족될 뿐이다."라고 지적한다. 이런 점에서 베버는 "궁극적으로 피할 수 없는 근본적인 비합리성"이 존재한다고 여겼다.[8]

베버에 대해서도 다양한 비판이 제기되었다. 프로테스탄티즘 윤리와 자본주의 정신 사이의 연관성을 주장한 베버의 이론은 사실관계가 일치하지 않는다는 이의가 거듭 제기되어 타당성을 의심받았다(이런 비판은 자본주의 정신이 유대인에게서 유래한다고 주장한 좀바르트에게도 적용된다. 그의 주장은 오래전에 설득력을 잃었다.). 베버는 예를 들어, 이슬람 사회와 같은 비서양 문명의 자본주의 능력을 판단할 때 편견을 가졌고 백 년이 지난 지금의 관점에서 보면, 시대에 뒤떨어진 연구 수준을 나타냈다.[9] 하지만 그의 분석은 자본주의에 관한 연구 가운데 오늘날까지도 최상에 속한다.

조지프 슘페터는 자신의 연구를 위해 "자본주의"라는

개념을 사용했을 뿐만 아니라 자신의 책《자본주의, 사회주의, 민주주의》(1942년 초판 출간)로 자본주의에 관한 학문적인 토론에 지속적인 영향을 미쳤다. 그는 자본주의를 정의할 때 사적 소유, 시장 메커니즘, 기업 경제를 중요한 개념으로 다루었다. 그의 정의에 따르면, "자본주의는 빌린 돈으로 혁신이 수행되는 사적 소유의 경제 형태이며, 이는 일반적으로 […] 신용 창출을 전제한다. 다시 말해 자본주의는 은행신용에 의해서 기업에 자금을 제공하는 행위를 전제로 하며 기업에 자금을 제공할 목적을 위해 만들어진 통화(은행권 또는 예금)를 수단으로 한다." 슘페터는 자본주의의 핵심적 특징인 신용 제공을 — 따라서 채무와 투기도 — 강조함으로써 자본주의 연구에 큰 기여를 했는데, 이런 기여는 지난 수십 년 동안 금융자본주의가 과도하게 성장한 탓에 오늘날 특별히 주목받고 있다.

슘페터는 무엇보다도 경제적 역동성을 설명하는 데 초점을 맞추었다. 그는 경제가 자체적으로 변화하는 메커니즘을 찾으려 했다. 그는 이 메커니즘을 혁신에서, 다시 말해 요소, 재원과 수단 들이 결합되어 경제적으로 새로운 것이 발생되는 데에서 찾았다. 그 결과, 새로운 생산과 분배 방식, 기업 내부 또는 기업들 사이의 새로운 조직 형태, 새로운 조달 시장과 판매 시장 개척, 신상품이나 훨씬 더 좋은 상품 생산, 새로운 수요 유발 등이 이루어지는 것이다. 슘페터는 새로운 것이 도입되면 반드시 낡은 것이 사라지거나 파괴될 수밖에 없음을 분명히 밝혔다. 그는 이런 맥락에서—좀바르트의 개념을 빌려—자본주의 발전의 핵심으로서 "창조적 파괴"라는 용어를 사용했다.

슘페터가 발전시킨 경기변동 이론은 바로 이러한 관점에서 나왔다. 그에 따르면, 혁신은 성장의 추진력을 의미하며 경제 발전의 물결을 일으킨다. 혁신을 추구하는 선도 기업가들에 뒤이어 다른 많은 기업가들도 성장의 파도가 잦아들기 전에 "무리를 지어" 이 물결에 동참한다. 결국에는 혁신의 새로운 실타래가 형성되어 새로운 순환이 시작되는 것이다. 바로 이런 점에서 슘페터가 기업가들에게 큰 관심을 가진 이유가 드러난다. 그는 기업가를 자신이 연구한 변화 메커니즘을 몰고 오는 실행자로 여겼던 것이다.

더 나아가 슘페터는 신용의 중요성을 확신했다. 혁신

은 성공한다는 보장은 없고 성공해도 그 성과는 미래에 가서야 드러난다. (혁신에 성공할 경우) 그 성과는 이후의 시점에 ─ 호황기에 ─ 달성될 수 있기 때문에, 혁신을 실행하는 기업가는 자본을 빌릴 수밖에 없어 채무자가 된다. 이 자본은 혁신이 성공적으로 실현된 뒤 이자와 함께 갚는다. 슘페터는 이와 같은 "혁신과 신용의 결합"을 자본주의가 지닌 역동적인 힘의 특징이자 토대로 인식했다.[10]

그는 자본주의가 인간의 역사에서 최초로 소수에게뿐만 아니라 광범위한 다수에게도 물질적 복지와 개인적 자유를 가져다준 사실을 잘 알았다. 그는 자본주의 경제가 지닌 이런 막대한 능력을 심리학적으로, 사회학적으로 설명했다. 슘페터에 따르면, 자본주의 경제 양식은 항상 강력한 동기 ─ 부자가 될 수 있다는 희망(이 희망은 흔히 실망스런 결과를 초래한다.)과 더 낮은 계층으로 떨어질지도 모른다는 불안(이런 불안을 품는 것은 현실을 고려하면 너무도 당연하다.) ─ 를 유발하거나 이용하면서, 매우 유능하고 야심만만하며 추진력이 있는 사람들이 경제 수뇌부로 올라서도록 이끌었다. 그럼에도 슘페터는 자본주의의 몰락을 예언했다. 자본주의는 확산되면서 자신의 사회적 존립 기반을 손상시킨다는 것이다. 이를 슘페터는 대가족 제도의 예를 통해 설명했다. 즉, 대가족은 오랫동안 자본주의 기업가에게 동기 부여와 힘의 원천이었다. 그러나 자본주의가 장려한 합목적성과 개인화의 정신 덕분에 기업가 자신이 거둔 성공이 부메랑으로 작용해서 대가족이 해체하게 된다는 것이다.[11]

슘페터의 이론은 비판을 받았다. 그의 예측은 20세기 후반에 이르러 타당성이 없는 것으로 판명되었다. 그의 혁신 개념은 개별 인물과 지속성이 없는 개별 행위에 너무도 한정되었다. 그가 내세운 50~60년에 이르는 경기 순환 주기*도 논란을 불러일으켰다. 그가 주장하는 "자본주의" 개념을 추종하는 주류 경제학자들은 거의 없다. 이들이 사회, 정치, 문화 등을 연구 분야로 채택하는 경우도 점점 더 줄어들고 있다. 하지만 슘페터의 업적은 찬반의

---

* 콘드라티예프 순환Kondratieff cycle: 콘드라티예프 파동Kondratieff wave이라고도 한다. 구소련의 경제학자 니콜라이 콘드라티예프가 1920년대에 주장한 이론으로, 자본주의 경제는 50년에서 60년을 주기로 하는 장기파동의 형태를 나타내며 기술혁신과 전쟁, 신자원 개발 등을 그 원인으로 꼽는다. − 옮긴이

논란 속에서도 생명을 유지하고 있고 자본주의 역사 연구에서 대체할 수 없는 지위를 차지한다.

3.
다른 이론들과
개념 정의

많은 사람들이 자본주의의 개념을 더 정교하게 가다듬는 데 기여했다. 존 메이너드 케인스John Maynard Keynes는 1920년대와 1930년대에 "개인이 돈을 벌고 싶어 하는 본능이 경제의 원동력"이라는 호소에서 자본주의의 핵심을 보았다. 그의 판단에 따르면, 자본주의에서는 막스 베버가 강조한 합목적성과 계산성뿐만 아니라 기분, 감정, 우연도 중요한 역할을 한다. 그는 자본주의에서는 "야성적 충동Animal Spirits"이 작용한다고 보았고, 이것을 예의 주시했을 뿐만 아니라 자본주의 경제활동의 원동력으로 인식했다. 그는 예측할 수 없는 불확실성이 지배하는 자본주의 경제에서는 이런 추동력이 필요하다고 확신했다. 예리한 분석력을 가진, 당대의 경제 상황에 정통했던 최고의 경제학자가 이런 판단을 내린 것은 자본주의의 합목적성에 빈틈이 있다고 여겼기 때문이다. 그는 이러한 빈틈을 비경제적인 본성인 심리적 요인으로 메우려고 했다. 2008년 이후 대두된 금융자본주의에 대한 비판은 케인스의 이러한 분석을 되살리고 있다.[12]

1944년에 처음 출간된 칼 폴라니Karl Polanyi의 《거대한 전환》에서는 "자본주의"라는 개념이 거의 사용되지 않았다. 하지만 이 책은 특히 19세기 영국의 예를 바탕으로 정치 · 사회적 관계들에 "착근embeddedness되어 있는"* 상태에서 벗어나 자기를 조절할 수 있는 시장경제가 형성되는 과정을 다루었다. 폴라니는 자기를 조절할 수 있는 시장경제의 역동성이 사회의 통합 욕구와 첨예하게 대립된다고 보았다. 그는 사회의 통제를 벗어나 독자적인 하위 체계로 분화된 시장은 "악마적인 메커니즘"에 따라 움직인

---

* 국내에서는 배태, 함몰, 묻어 들어 있음 등의 용어로 표현되기도 한다. 특히 《거대한 전환》을 번역한 홍기빈 교수는 무겁고 생경한 용어보다는 "친근하고 자연스런 언어를 쓰는 것이 옳다는 판단 때문에 '묻어 들어 있음'이라는 말"로 옮겼다. – 옮긴이

다고 말한다. 예를 들어 입법과 행정에 의해 시장이 "착
근되어 있는" 상태가 되지 않으면, 다시 말해 시장의 역
동성이 제한되는 새로운 형태가 마련되지 않으면, 이 메
커니즘은 "악마의 맷돌"이 되어 끊임없이 변화를 강제하
고 사회조직을 붕괴시키며, 안정된 정체성을 지닌 사회질
서의 형성을 방해한다는 것이다. 논거의 바탕이 되는 자
료가 매우 불확실하고 기존의 경제사 연구들과도 괴리가
큰 이 책은 산업화 이전의 사회사를 근본적으로 잘못 판
단하고 있다. 이 시기는 이미 폴라니가 가정하는 것보다
훨씬 더 크게 시장에 좌우되었고 목가적이지도 않았다.
반대로, 폴라니는 19세기와 20세기 초에 시장이 미친 영
향력에 대해서는 지나치게 과장되게 서술하고 있다. 그
럼에도 이 책은 자본주의 개념의 연구에 중요한 자극을
주었고 근래의 비판적인 사회과학적 자본주의 분석에 큰
영향을 미치고 있다.[13]

경제학자들은 대개 "자본주의"의 기준을 설정할 때 시
장을 충분조건은 아니지만 필요조건으로는 인식한다. 냉
전 시대에는 흔히 자본주의와 사회주의 국가가 주도한
중앙 통제 경제가 서로 비교되었다. 그래서 당시에는 시

장이 자본주의의 필수적인 구성 요소로 크게 부각되었다. 역사가 페르낭 브로델Fernand Braudel은 이런 경향에 반대했다. 그는 1979년에 발표한 3권의 책 《15~18세기 물질문명, 경제, 자본주의》*에서 자본주의 형성사를 인상적으로 서술했다. 그는 이 책에서 자본주의를 "시장경제"와 구분했다. 그는 시장경제를 구성하는 요소로 지역 시장, 대※상인들과 소매상인들의 상점, 정기 시장Messe과 거래소**를 거론했다. 그는 이와 반대로, "자본주의"의 개념은 부유하고 강력한 자본가들로 구성된 소수 최상위 계층의 사업에 한정하려 했다. 이 자본가들은 주로 원거리 무역에서 부를 축적한 대상인(대형 도매상), 선박업자, 보험가, 은행가, 기업가, 대지주 등이었는데, 이들은 대개 여러 분야의 사업을 동시에 추진했다. 이와 같은 "상위 계층"이 영위하는 자본주의에서 경쟁은 거의 의미가 없었다. 대개 이들은 정치 권력자들과 밀접한 관계를 맺으며 시장을 독점했기 때문이다.

---

* 국내에는 《물질문명과 자본주의》로 출간되었다. – 옮긴이

** 지금은 흔히 증권거래소로 통하지만, 브로델이 책에서 다루는 시기에는 상품 교환의 중개 기능을 담당했다. – 옮긴이

《공산당 선언》 초판본

이로써 브로델은 시장 권력과 정치권력이 장기간에 걸쳐 서로 분리된 것이 아니라 밀접한 유착 관계를 맺어왔음을 강조했는데, 이 지적은 정당하다. 게다가 그는 널리 알려진 경험적 과정을 다음과 같이 명료하게 정리했다. 즉, 자본주의 내에서는 소수 독점 및 과점 시장의 경향이 나타나 시장경제의 원칙인 경쟁을 방해하거나 부분적으로 무력화시킬 수 있다는 것이다. 그렇지만 브로델이 자본주의와 시장경제를 대립시킨 것은 잘못이다. 자본주의는 근대 초기에도 또 브로델이 말하는 "상위 계층"에서도 거센 경쟁, 이익과 손실, 상승과 하강, 기회와 위험 등으로 점철되었다. 자본주의는 시장경제에서 뿌리를 내렸고, 대개 시장경제를 배제하지 않고 시장경제가 보편화되는 데 기여했다. 이런 사실은 원칙적으로 오늘날까지도 적용된다.[14]

특히 이매뉴얼 월러스틴Immanuel Wallerstein과 조반니 아리기Giovanni Arrighi가 브로델의 자본주의 개념과 유럽 지역 이외의 자본주의 역사에 대한 고찰을 받아들여 자본주의가 지닌 초국가적이고 궁극적으로는 세계적인 문제에 관한 중요한 연구 성과를 발표했다. 이미 마르크스는 《공산당 선언》에서 자본주의의 세계적 팽창을 예언한 바 있다. 특히 로자 룩셈부르크Rosa Luxemburg, 레닌Lenin, 루돌프 힐퍼딩Rudolf Hilferding과 같은 사회주의 성향의 제국주의 이론가들은 일찍부터 자본주의의 초국가적인 영향과 연결을 주제로 삼았다. 이들은 특히 제국주의적인 팽창의 자본주의적 원동력, 착취당하는 주변부와 세계시장을 압도하는 대도시 사이의 종속 관계, 자본주의와 국제적인 갈등 사이의 연관 관계 등에 주목했다. 여러 가지 형태의 종속 이론과 특히 월러스틴의 세계 체제 분석은 20세기의 삼사분기에 앞의 사유 전통을 계승해서 발전시켰다. 마지막으로 아리기는 세계경제의 공간적 중심 이동과 자본주의의 주도 지역을 — 중세 후기의 이탈리아 북부에서 출발해 근대 초기의 네덜란드와 18세기 이후의 영국을 거쳐 20세기의 미국까지 (그리고 아마도 다음 작업은 중국이 될 것 같다.) — 추적함으로써 자본주의 연구의 세계화에 박차를 가했다.[15] 지난 20년 동안 역사학이 글로벌 히스토리'에까지 문호를 개방함으로써 자본주의도 글로벌 히스토리의 한 현상으로 논의되고 있다.[16] 따라서 자본주의 팽창의 공간적 확대와 초지역적 연결에 대한 문제가 주목을 끌고 새로운 문제가 현안이 되기도 하며, 자본주의 역사에서 서구가 차지하는 위상과 같이 이전부터 논의되어온 문제들이 새롭게 조명되기도 한다. 유럽과 북아메리카 중심으로 정의되어온 "자본주의"의 개념은 이제 서서히 달라질 수 있다. 하지만 분명한 사실은 자본주의의 개념과 이론이 서구의 경험과 연구에서 나왔지만, 그 개념과 이론이 갖는 타당성이나 설득력은 서구에만 한정되지 않는다는 것이다. 오히려 자본주의의 개념과 이론은 초국가적이며 글로벌 히스토리 차원의 탐색을 지향하고 있다.

나는 이런 개념과 이론의 역사적인 연구 결과에 근거해서 그리고 최근에 제안된 정의들을[17] 참고해서 "자본주

---

* Global history: 지구사. 기존의 역사 연구가 서구나 근대를 중심으로 전개된 것에 대한 비판으로 등장한 글로벌 히스토리는 "국가"가 아닌 "지구"를 틀로, 국경을 초월한 초국가적인 연관성을 다룬다. 글로벌 히스토리 연구는 1990년대 이후 활발하게 진행되고 있으며, 국민국가에 정당성을 부여하고 국민으로서의 정체성을 형성하는 것이 목적인 근대 역사교육을 넘어서서 기존 역사 연구의 중심에 있던 유럽을 상대화하고, 시간과 공간을 확대해서 더욱 다양한 주제를 다루고 있다. — 옮긴이

의"의 범위를 다음처럼 한정하여 사용한다.[18]

첫째, 자본주의는 개별적인 소유권과 분산된 결정에 근거한다. 이런 결정은 이익이든 손실이든 어떤 결과를 초래하는데, 이는 개체의 책임으로 귀속된다. 여기서 말하는 "개체"에는 개인뿐만 아니라 집단, 회사, 회사의 연합체도 포함된다.

둘째, 자본주의에서는 여러 경제주체의 조정이 일어나는데, 이는 특히 시장과 가격, 경쟁과 협력, 수요와 공급, 상품의 판매와 구입 등을 통해 일어난다. 자본주의의 핵심은 자원, 생산물, 기능, 기회 등의 상품화이며, 그 전제조건은 분업과 화폐경제이다.

셋째, 이런 경제활동의 기초는 자본이다. 자본은 미래의 이익을 추구하기 위해 현재의 저축과 소득을 투자하고 재투자하는 것을 의미한다. 자본에는 신용을 주고받거나, 이익을 척도로 받아들이고, 변화·성장·역동적인 팽창을 내다보며 축적하는 행위 그리고 불확실성과 위험에 대처하고 시간 경과에 따라 수익성을 통제하는 행위도 포함된다.

나는 정식화하기 어려운 이전의 변형 형태를 고려하

기 위해 자본주의를 정의하는 또 다른 특징으로 기업을 넣는다. 하지만 기업은 자본주의적인 결정 단위, 행위 단위, 책임 단위로 자리를 잡아나가는 경향이 강하다. 기업이 형성되면, 기업의 운영은 "사적인"(비국가적이고 비지방자치단체적이며 비집단적인) 소유권과 처분권에 근거한다. 기업은 국가와 기타 사회 기관은 물론이고 다른 경제주체인 가계에 대해서도 독립성을 갖는다. 기업에는 내부적인 위계질서가 있다. 기업은 자본과 노동이 다시 말해, 한편으로는 노동력을 고용하는 자본주의적 정당성을 지닌 기업가와 다른 한편으로는 자본과 생산수단을 지니지 못한 노동자나 사무직원이 상호 작용하는 공간이다. 노동자의 전형적인 형태는 계약에 따라 일하는 임노동자인데, 계약 이외에는 법적인 구속이 없어 자유롭다. 자본과 노동, 고용인과 피고용인 사이의 관계는 한편으로는 시장 원칙에 따르는 교환 관계이고, 다른 한편으로는 — 다양한 사회적 전제와 영향력을 지닌 — 비대칭적인 지배 관계이다.

이런 방식으로 자본주의를 정의하면, 비자본주의적인 환경에서는 수적으로 소수에 불과한 자본주의적 현상도

추적할 여지가 생긴다.

"자본주의 경제" 또는 "자본주의 시스템"이라는 말을 할 수 있으려면 자본주의 원칙이 우위에 서야 한다. 이는 경제 내에서 통제 메커니즘으로서의 우위를 의미할 뿐만 아니라, 자본주의 원칙이 경제를 넘어서서 다른 사회 분야에까지 파급되어 영향을 미치는 경향도 의미한다. 역사적으로 자본주의는 비자본주의적인 상황에서 자리를 잡아나가는 것이 규칙이었기 때문이다. 자본주의가 경제 분야를 넘어서서 영향력을 확대하는 성격은 매우 다양한 정도와 형태로 나타날 수 있다. 자본주의는 다양한 사회와 문화, 국가형태에서 가능하다. 자본주의의 이런 확산은 한계에 부딪힐 수도 있는데, 그 한계는 역사적으로 유동적이며 사회·정치적인 영향을 받을 수 있다.

이런 정의는 "자본주의"를 하나의 이념형이자 모델로 규정한다. 하지만 우리는 역사적인 현실이 이것과 완전히 일치하지 않고, 그 정도나 형태도 다양한 변화를 보인다는 사실을 알고 있다. 따라서 "자본주의" 개념을 이 개념이 아직 사용되지 않은 먼 과거에 적용할 수도 있고, "자본주의" 개념이 의미하는 바가 미세한 실마리나 흔적으로만 남아 있는, 또는 자본주의가 비자본주의의 망망대해 한가운데에 있는 작은 섬으로 존재하는 먼 과거 시대에 적용할 수도 있다. 이념형으로 규정된 개념은 자본주의 구조의 힘이 약해지는 현실을 파악하는 데 사용될 수도 있다. 아마도 이러한 현실은 미래에 존재할지도 모른다.

우리는 자본주의가 전개된 모든 나라와 지역을 하나하나 모두 다룰 수는 없으며, 자본주의를 전 세계적인 현상으로 파악할 것이다. 우리는 이 현상의 가장 중요한 단계와 변형 형태, 동력, 문제와 영향을 연대순으로 서술하고 여러 나라와 지역의 예를 들어 설명할 것이다. 이를 위해 각 단계와 변형 형태에 중요한 역할을 한 주도 지역을 선별했다. 우리는 상인 자본주의의 초창기를 설명하기 위해 중국, 아랍, 유럽의 일부를 살펴볼 것이다. 막스 베버가 말한 "근대 자본주의"가 생겨난 1500년경에서 1800년경에 이르는 개화 단계에서는 서유럽이 서술의 중심이 된다. 하지만 우리는 단순히 서유럽으로 한정하지 않고 세계적 차원의 연결 상태를 조명할 것이다. 19세기와 20세기에서는 산업자본주의와 금융자본주의의 부상이 주목을 끈다. 우리는 우선 이것을 유럽, 북아메리카, 일본의 예를 들어 조명할 것이다. 20세기 후반과 21세기 초반에 가속화된 자본주의의 세계화는 서구를 넘어서서 특히 동아시아의 경험을 살펴보도록 요구한다. 전체적으로 보면, 유럽과 북아메리카의 발전이 이 책의 대부분을 차지한다. 이는 대상 자체 때문에 그렇다. 즉, 자본주의는 세계적 차원의 연결이 없었다면 발전하지 못했거나 완전히 다르게 발전했겠지만, 그 역사는 장기간 서구적인 현상이었다. 하지만 내 개인의 선호도 한몫을 한 것은 부인할 수 없다. 나는 유럽의 역사를 다른 지역의 역사보다 더 잘 안다. 유럽 이외의 지역을 더 정확하고 포괄적으로 연구하려면 큰 틀에서 각 지역을 더 자세하게 살펴보는 작업이 더해져야 할 것이다.

II.
상인 자본주의

1.
초기 단초들

"자본주의가 언제 시작되었는가?"라는 질문은 학술서에서 다양한 답을 찾을 수 있다. 이렇게 다양한 목소리가 나오는 이유는 자본주의 개념을 서로 다르게 사용하기 때문이고, 사회 현실이나 경제 현실을 가르는 분명한 구별점을 확정하기 어렵기 때문이기도 하다.[19] 하지만 유프라테스 강과 티그리스 강 사이의 메소포타미아 지역, 지중해 동부 연안의 레반트 지역, 실크로드 지역, 인도양을 지나는 동서 교역로 등에서 자영 상인들이 주로 이끌었던 원거리 무역에서 여러 초기 단초들을 발견할 수 있다. 이들은 대개 정치권력을 지닌 자들과 긴밀히 유착하거나 다른 상인들과 밀접한 공동체를 이루기도 했지만, 자신의 책임으로 거래를 했다. 이들의 전형적인 특징은 종족이나 출신지, 종교의 공통점을 토대로 삼았고 지역 경계를 넘어서서 거래했으며 서로 연결되어 있었다는 점이다. 또한 이들은 이익 추구 노력, 용기 및 역동성, 불안과 경쟁에 대처하는 능력 등을 겸비했다.

역사상 드물게 탄생했던 대제국에서 최초의 인구 밀집 현상이 나타났다. 이 대제국들은 전쟁을 수행하기 위해 상당한 돈이 필요했다. 바로 이런 이유로 대제국은 시장 발전에 기여했고 화폐경제를 촉진했으며 경제활동을 활성화하려 했다. 그 목적에 사용된 수단이 바로 교통로 건설, 광산 개발(귀금속!), 최소한의 질서 확보 등이었다. 시장과 국가의 형성은 매우 일찍부터 밀접한 관계가 있었다.[20] 예를 들어, 중국의 한(漢)나라(기원전 206년~기원후 220년)는 화폐의 통일, 시장 거래의 확대, 자영 상인들이 주축이 된 원거리 무역의 활성화를 위해 노력했다. 이와 동시에 한나라는 수공업과 상업에 직접 개입했다. 로마제국 시대(기원전 1세기~기원후 5세기)에 대도시에서는 화폐경제와 일상생활의 상업화가 높은 수준에 도달했고,

식품과 사치품을 거래하는 원거리 무역이 번창했으며, 대농장들은 이익을 목적으로 시장을 겨냥해 생산했다. 그리고 땅을 팔거나 소작을 주는 것과 같은 거래는 계약과 정확한 계산을 바탕으로 진행되었다. 게다가 어느 정도 자유로운 임노동자도 없지 않았다. 하지만 전체적으로는 생업 경제가 우위를 차지했고 노예노동이 널리 퍼져 있었으며 "부를 얻으려는 강한 욕구가 자본을 형성하려는 노력으로 전환되지는 않았다."(핀리). 또한 이익 추구보다는 안전한 연금이 더 큰 관심을 끌었고, 생산성 증대와 전체 경제의 성장은 일정한 한계를 벗어나지 못했다. 장기적으로 시장에서 성공을 거두려 하기보다는 전쟁과 전리품을 기대하는 것이 더 중요하게 여겨졌다. 이 때문에 고대 그리스와 로마의 경제를 자본주의 경제라고 말하기는 어렵다.[21]

2.
중국과 아랍

유럽사에서 "중세 시대"로 요약되는 수 세기 동안 자본주의와 그 단초들이 어떠했는지를 검토하려면 세 지역을 살펴보아야 한다. 이 시기에 두드러진 발전의 양상을 보인 세 지역은 바로 중국, 아랍적인 색채에 서서히 물들어 간 인도양 일대, 서유럽이었다.

중국에서 한漢 왕조 때 형성된 기본 틀은 다음 세기에도 계속 영향을 미쳤다. 국제무역이 확대되었고, 서구 특히 인도와 아랍 세계와의 교류는 점점 더 활발해졌다. 정치권력을 행사하는 관리들은 유교를 따랐는데, 유교는 지나친 불평등과 과도한 부富를 부정하고, 농업을 장려했으며, 화폐·신용·상업에 대한 국가 통제, 재화·식량 창고·수공업 공장의 국가 운영 등을 주장했다. 인도에서 전파되어 처음에는 특히 수공업자들과 상인들이 신봉한 불교는 상업 활동에 더 긍정적인 입장을 보였다. 불교 사원들은 신자들에게 많은 예물을 받았을 뿐만 아니라 농업과 수공업에서 자본 형성, 신용 제공, 자본 투자의 중심지 역할을 했다. 국가 관료들은 때로 이를 불신의 눈으로 지켜보며 억압했다. 8세기 중반에 광저우는 무역의 중심지이자 부유한 항구도시로 주목을 받았다.

이런 상황은 상업을 장려한 송宋나라(960년~1279년) 때의 중국에 제대로 적용된다. 상인들은 정부와 새롭게 구축된 대규모 선단의 지원을 받아서 동남아시아, 인도, 아랍 세계, 동아프리카는 물론 이집트와도 해상무역을 강화했다. 중국 안에서도 화폐와 시장 거래가 매우 중요해졌다. 특히 중국 남동부 등 일부 지역에서 13세기까지 전통적인 생업 경제가 지역의 경계를 넘어 수출을 지향하는 경제로 발전했다. 이 경제는 사치품뿐만 아니라 도자기와 금속으로 된 다양한 수공업품도 생산해서 수출하고, 그 대가로 다른 지역에서 쌀과 같은 식품을 주로 수입했다. 전체적으로 중국에서는 일부 관리나 상인들이 운영하는 공장에서 수공업 생산이 확대됐는데, 이들은 임노동자를 지속적으로 고용했다. 중국은 특히 도자기, 종이, 비단, 예술품, 금속품 등의 가공품을 비롯해 주석이나 납과 같은 금속과 차를 수출했다. 수입품은 말, 약, 귀금속 및 기타 사치품과 면포 등이었다. 경제활동은 부분적으로 중앙 국가의 감독을 받았다. 국가는 도로와 운하의 건설을 맡았고, 일정 기간 소금 · 차 · 유향의 독점권을 가졌으며, 화폐를 통제했고, 환전 업무를 통제하려고 했다. 환전 업무는 9세기부터 상인 은행가들에 의해 발전했으나 아직 초보 단계를 벗어나지 못하고 있었다. 이 환전 업무는 결과적으로 은행권의 유통을 초래했고 사실상 화폐교환으로 이어졌다. 하지만 원칙적으로 경제 발전을 이끈 것은 이익을 추구하는 자영 상인들이었다. 국가는 자영 상인들의 투자를 제한했으나, 이들의 투자는 상당한 수준에 이르렀고 이들의 사회적 지위도 상승했다. 당시의 이런 발전을 11세기와 12세기에 일어난 중국의 "상업 혁명"이라고 말하는 사람도 있다. 화약, 나침반, 인쇄술과 같은 획기적인 기술혁신도 일어났다. 이 발전은 사실상 혼합

경제 시스템으로 이루어졌다.

몽골족이 중국을 통치할 때(1279년~1368년), 그리고 명나라 때(1368년~1644년)에도 이 발전 가운데 많은 것이 계승되었다. 하지만 중국은 송나라 때 보여준 이례적인 역동성을 다음 세기에서는 이어가지 못했다. 이런 양상이 가장 뚜렷하게 드러난 것이 바로 정화鄭和의 대원정 이후 중국 정치에서 나타난 변화였다. 정화는 명나라 영락제의 지시로 대선단을 이끌고 동남아시아, 인도, 서남아시아, 아프리카까지 원정을 했다. 하지만 명나라는 1430년대에 해상무역을 중단하고 선단을 없앴으며 상인들의 외국 여행을 억제하고 상인들을 국내에서 생업 활동에 종사하게 했다. 이후에도 장기간 영향을 미친 이 해금海禁 정책은 북쪽의 몽골족 및 다른 침입자들로부터 명나라를 지키려는 의도도 한 가지 이유였을 것이다. 큰 틀에서 보면, 해금 정책은 국내 권력 이동의 결과였다. 즉, 국가권력과 시장경제 사이의, 기존 세력인 관료층과 신진 세력인 상인들 사이의 팽팽한 권력 다툼에서 지주와 유교 관료 들로 구성된 보수파가 권력을 장악한 것이다. 여전히 남아 있던 상업과 자본축적에 대한 불신이 우위를 차지했다. 정치적 통제하에서 정치권력의 영향을 크게 받은 중국식 상인 자본주의는 강력한 중앙 국가의 정치 노선 변화에 저항할 힘도 없고, 견고하지도 못한 것으로 입증되었다.[22]

중세 상인 자본주의의 두 번째 주요 지역은 아랍 대제국이다. 이 대제국은 7세기 후반~13세기 중반에 존재한 우마이야 왕조와 아바스 왕조의 통치하에서 서아시아, 북아프리카, 이베리아반도 등을 지배했으며, 이슬람교를 세계종교로 확립하기도 했다. 7세기 초 이슬람교가 생겨날 때 상인 자본주의적 요소들이 이미 존재했다. 메카와 메디나는 당시 중요한 대상(隊商) 무역로에 위치한 활발한 상업 도시였다. 무함마드도 도시에 거주하는 상인 집안 출신이었다. 아랍인들이 다수를 이루는 이슬람교 국가의 건설과 병행된 이슬람교의 전파는 놀라우리만치 빠른 속도로 진행되었다. 하지만 그것은 상인의 수단이나 시장의 팽창을 통한 것이 아니라 폭력, 전쟁, 정복을 통해서였다. 여기에는 세계종교가 되려는 신흥 종교의 강한 추진력과 효율적인 용병이 큰 역할을 했다. 로마제국과 서남아시아 제국들의 몰락 이후 그 병사들은 빠르게 아랍제국의 용병으로 조직되어 주변 부족들을 정복했고 막대한 전리품을 획득했으며, 사로잡힌 포로 노예들도 끊임없이 용병으로 편입되었다. 아랍제국은 불과 몇 년 만에(632년까지) 아라비아반도를 점령했고, 20년 뒤에는 서남아시아, 이집트, 리비아까지 정복했으며 7세기 후반~8세기 초반에는 인도 북서부와 북아프리카 서부, 이베리아반도를 손에 넣었다.

이처럼 형성된 제국을 토대로 8세기부터 페르시아 상인과 아랍 상인, 해운업자, 선원, 대상隊商, 중개무역업자들이 유라시아 대륙을 통하는 거대한 육상 무역로와 해상 무역로를 장악하기 시작했고, 동시에 아프리카와 동남아시아, 서유럽으로 이어지는 새로운 무역 거래를 개척했다. 여기서 가장 중요한 것은 지중해에서 아라비아 사막과 페르시아 만의 걸프 해, 인도양을 거쳐 인도, 동남아시아, 중국으로 이어지는 동서 무역이었다. 큰 항구 도시에서는 비단, 도자기, 금은, 각종 금속, 아마포, 금속품, 고급 나무, 향료와 기름, 노예, 가구와 장식품 등이 배에 하역되고 거래되었는데, 이에 필요한 시설은 페르시아

인과 아랍인 들의 수중에 있었다. 이들은 선원들을 조달했고 대상隊商을 이끌었으며 필요한 정보를 제공했다. 이슬람법이 수공업, 상업 계약 체결, 신용, 채무 변제에 기초가 되었다. 이 법은 국경을 넘어 실현 가능한 규칙을 제시했는데, 이 규칙이 없었다면 위험한 원거리 무역이 원활하게 진행되지 못했을 것이다. 공통의 언어와 종교, 부분적으로 공통된 문화를 토대로 아랍 상인들의 관계망이 형성되었다. 아랍 상인들은 온갖 갈등과 경쟁, 규칙 위반 등에도 불구하고 이 관계망을 발판으로 신뢰의 바탕을 마련하여 불안을 줄이고 협력했다. 그 결과, 그들은 서로 간의 거리가 멀고 지역 환경도 달랐지만 상업 거래를 계속해나갈 수 있었다.

상업 발전은 아랍 내부에도 영향을 미쳤다. 무역로를 따라서 부가 축적된 것이다. 그 당시 주거지에서는 어디든 여전히 생업 경제 위주였고, 주민들이 거둔 이익도 시장의 논리를 따르지 못하고 통치 차원에서 수탈되는 경우가 많았다. 하지만 많은 장소와 지역이 활발한 시장 거래로 연결되면서 농업과 수공업 생산물도 다양해졌다. 따라서 7~11세기 페르시아 북동부 지역을 예로 들면, 직물 생산에 전문화된 지역도 있었고, 가죽 가공에 전문화된 지역도 있었다. 또 어떤 곳은 비단, 향유, 향수 생산에 집중했고, 또 다른 곳은 무기, 금속 그릇, 도구 생산에 집중했다. 가격 변화가 심한 제품을 만드는 수공업 공장에는 임노동자들도 고용되어 일했다. 과일, 설탕, 향료, 건어물 등은 타 지역의 시장을 겨냥해서 생산했다. 이렇게 지주와 소작인, 노예, 노동자들 사이의 관계도 변화하는 시장 거래에 의해 간접적으로 결정되었다. 이 모든 생산과 거래에는 중개인들과 상인들의 도움이 필요했는데, 아직 이들은 조직적으로 생산에 개입하지는 않았다.[23]

상인의 자본은 부분적으로 과거 정복과 침략에서 획득한 재산에서 나왔다. 이는 폭력적인 "원시적 축적"의 예이며, 이런 축적은 자본주의의 태동기에는 드물지 않게 일어난다. 그리고 상인들은 가족 관계를 연줄로 활용해서 땅을 가진 엘리트 계층 소유의 자원을 얻을 수 있었다. 동업자 관계도 가능했다. 동업자 관계는 대규모 사업에서 자금 조달과 위험 분산을 위해 이용되었지만, 대개 1년이나 2년으로 기간이 제한되어 있었다. 예를 들어, 배를 이용한 대규모 구매 여행과 판매 여행 등의 사업이 종료될 때까지 한시적으로 동업자 관계가 유지되었다. 이런 동업자 관계나 이후 유럽에서 "코멘다^{Commenda}*"라고 한 초기의 참여 형태에는 법적인 전제 조건이 있었다. 필요한 자본은 부분적으로 이전의 거래에서 생긴 이익금에서 충당되기도 했다.

이처럼 이슬람교가 지배하는 사회에서도 이익을 위해 돈을 빌려주거나, 이런 방식으로 자신의 자본을 "불리고" 일을 시킬 수 있었는데, 이것은 흔히 있는 일이었다. 코란, 구약성경, 탈무드에 근거한 이자 금지는 피해갈 수 있었다. 한편, 이 이자 금지는 "이방인"에게는 적용되지 않았다. 이 때문에 유대인과 기독교도는 초기 이슬람 세계에서 금전 거래와 신용거래가 예정된 것이나 마찬가지였다(이는 서구 기독교 사회에서 유대인과 아랍인들이 처한 상황과도 같았다.). 다른 한편, 이미 9세기 초부터 이자 금지를 피할 수 있는 방법을 설명한 안내 책자들이 떠돌았다. 아랍 세계에서는 진일보한 신용 도구가 개발되어, 11세기 이전에 이미 수표와 어음이 유통되었다. 수표는 아직 본

---

* 단 한 번의 무역 거래를 위해 성립되는 위탁계약으로, 출자자는 이동 상인에게 필요한 자본을 대주고 이익이 생기면 이익의 일부를 받고, 손실이 생기면 손실의 일부를 부담한다. - 옮긴이

격적으로 거래되지는 않았지만, 멀리 전달할 수 있는 이점이 있었다. 유럽에서는 12~13세기에야 수표가 도입되었다.[24]

이슬람교는 초기부터 상업에 긍정적인 입장을 취했다. 이슬람 사상가 누구도 이익 추구를 비도덕적이라거나 신앙에 해로운 것으로 여겨서 반대한 사람은 없었던 것 같다. 초기 기독교에서 볼 수 있는 부에 대한 비판도 없었다. 가잘리Ghazali, 앗딘 앗투시Nasir ad-Din at-Tusi 같은 11~12세기의 영향력 있는 이슬람 학자들은 시장을 경쟁과 투쟁의 장소가 아닌, 협력의 장소이자 분업과 교환을 통해 상호 도움이 확산되는 장소로 여겼다. 18세기의 애덤 스미스와 유사한 입장을 가진 것이다. 국가가 가격 형성에 개입하는 것은 정당한 것으로 인정되지 않았다. 14세기의 아랍 역사가 이븐할둔Ibn Khaldūn은 "노예든 곡식이든 동물이든 무기든 옷이든 상관없이, 낮은 가격에 사서 높은 가격에 팔아" 이익을 얻고 자본을 쌓는 것은 상업의 본질이라고 담담한 어조로 말했다. 11세기에는 다양한 유형의 상인이 지녀야 할 자격을 정리한 책이 나왔다. 그 자격으로는 장래의 가격 흐름에 대한 예측력, 다른 나라의 화폐 안정성과 가격 상황에 대한 지식, 신뢰할 만한 중개인과 창고에 대한 접근력 등이 언급되었다. 상인은 사회적으로 인정을 받았고, 신드바드처럼 《아라비안 나이트》의 영웅으로 그려지기도 했다. 19~20세기에는 아랍 세계 일부 지역에서 당시 세계 어느 곳보다 더 뚜렷하게 상인 자본주의적 부르주아의 단초가 생겨나기도 했다. 하지만 상인 자본가들은 전통적인 엘리트 계층과 귀족 대지주, 군 지도자들이 행사한 정치권력에 참여하지 못했다. 결국 일시적이고 맹아적 형태로 생겨난 부르주아는 지배 세력으로 성장하지 못했다. 아랍 세계의 상인들은 중국과 유럽의 상인들보다 국가로부터 더 멀리 떨어져 있었다.[25]

3.
유럽:
역동적인 후발 주자

글로벌 히스토리 차원에서 보면, 중세 유럽의 상업자
본주의는 상대적으로 늦게 발전했으며 아시아와 다르게
전개되었다. 5세기에 서로마제국이 정치적으로 몰락하
고, 게르만족의 민족대이동으로 불안정한 상황이 펼쳐지
자, 유럽의 경제생활은 붕괴했고, 고대에 생긴 자본주의
적 요소들이 모두 무너져버렸다. 이는 국가 형성과 시장
형성 사이의 밀접한 ─ 이번에는 부정적인 의미의 ─ 연
관 관계를 말해주는 예이다. 로마제국에 지배되고 영향
을 받은 (존속된 동로마제국에 속한 지중해 동쪽 지역을
제외한) 유럽 지역에서는 시장경제의 쇠퇴, 탈화폐화, 재

농업화가 전개되었다. 한때 발트 해에서 중국까지 이어졌던 무역 거래는 와해되었고, 도시와 상업 지역은 피폐해졌으며, 시골길은 황폐해졌다. 전체적으로 가계경제와 자급자족 풍조가 대세를 이루었다. 이 와중에도, 수도원들은 자신들이 소비한 것보다 더 많이 생산해서 잉여물을 이익을 남기고 팔아 자본을 축적했으며, 돈을 대여해 주기도 했다. 이 경우에 이자가 없긴 했지만 그렇다고 유리한 담보가 없던 것은 아니다. 해안 지역에서 해상무역이 완전히 중단되지 않았고, 지중해에서는 로마 시대 전통의 명맥이 유지되었지만, 상업은 일부 지역에 한정되었다.

자본주의적 관행은 중세 유럽에서도 주로 원거리 무역에서 관철되었다. 12~15세기에는 당시까지 산발적으로 행해진 유럽과 아시아의 무역이 점점 규모가 커졌고, 이탈리아 북부, 프랑스 남부, 카탈루냐 해안 도시부터 이집트, 팔레스타인, 시리아, 이스탄불로, 또 그곳에서 동쪽으로 계속 확대되었다.[26] 부분적으로 약탈전의 성격을 띠었던 12세기의 십자군 원정은 동서 무역을 방해하기도 했고, 활성화하기도 했다. 베네치아, 제네바, 조금 뒤늦게

박람회 장면

피사, 리보르노, 피렌체 등지의 해운업자, 선원, 선장 들이 앞장서서 배를 지브롤터 해협을 거쳐 프랑스와 플랑드르*, 영국으로 보냈다. 또 다른 중요한 무역로는 북해를 통해 러시아, 폴란드, 스칸디나비아 국가들, 플랑드르, 브라반트**, 영국을 연결하는 길이었다. 하지만 내륙지역을 통하는 무역로도 규칙적으로 이용되었고, 점차 확대되었다. 이를 테면 이탈리아에서 독일 북부로 이어졌다가 북유럽으로 향하는 알프스 통로와 바젤에서 네덜란드까지 이어지는 라인 가도Rhein-Strasse가 있었는데, 라인 가도는 바다를 통해 영국과 연결되었다. 이런 상업 지역들은 12세기 중엽에 (처음에는 샹파뉴Champagne에서) 시작되어 정기 시장messe, 박람회 등을 통해 서로 연결되었다.

이런 원거리 무역을 한 상인들은 자본주의적 원칙만을 따랐던 것은 아니다. 이들은 오히려 장기간에 걸친 원

---

* 벨기에 서부를 중심으로 네덜란드 서부와 프랑스 북부에 걸친 지역 – 옮긴이

** 벨기에 중북부에서 네덜란드 남부에 이르는 지역 – 옮긴이

거리 여행의 위험을 줄이기 위해 조합을 만드는 해결책을 발전시켰다. 이들은 육로 여행에서는 대상隊商으로 결집했고, 배가 50~100척에 이르는 선단을 조직해서 바다로 나갔는데, 강도와 해적의 (때로는 경쟁자들의!) 습격에서 자신을 보호하기 위해 무장도 철저히 했다. 이방인에 대한 불신이 널리 퍼져 있었고 국가의 지원이 미흡했던 시절이어서 상인들은 동향인이나 같은 종족끼리 여행했고 목적지에서도 서로 긴밀하게 접촉했다. 심지어 이들은 목적지의 주민들과는 떨어져 해외 영업소나 숙소, 해외 지점 또는 특별 구역에 거주했으며, 자치 기구와 독자적 재판권을 갖기도 했다. 이것은 해당 국가의 관계 당국에 반대급부를 제공해서 얻은 특권이었다. 이것은 많이 이동하는 사람들이 결합해서 생긴 일시적인 결과였지만, 장기간의 동맹으로 발전하기도 했다. 가장 유명한 예가 바로 한자동맹이다.[27]

한자동맹은 대개 독일 북부 도시 출신의 상인들의 동맹으로서, 50개 이상의 도시들이 느슨하게 결집되었다. 그중 강력한 "독일 한자"는 13~16세기에 북해와 발트해 지역의 해운, 무역, 정치에 결정적인 영향력을 행사했다. 한자동맹에 소속된 상인들은 향료와 호박琥珀 같은 사치품뿐만 아니라 양모, 천, 가죽, 생선, 소금, 곡식, 나무, 금속품 등 폭넓은 구매자층을 위한 생활용품을 거래했다. 뤼베크, 함부르크, 슈체친, 그단스크, 브레멘, 비스마르, 로스토크와 같은 항구도시들이 전초기지 역할을 했지만, 쾰른, 마그데부르크, 브라운슈바이크와 같이 내륙에 있는 도시들도 이 동맹에 속했다. 게다가 한자동맹은 노브고로드, 베르겐, 런던, 브뤼헤 같은 곳에 거점(이른바 "해외 지점")을 마련했다. 한자동맹에 소속된 상인들은 소규모 상사商社를 만들어 여러 해 동안 이익을 나누었다. 이익은 14~15세기에 투자 자본을 기준으로 연 15~20퍼센트에 달했다. 상인들은 대부분 해상무역에서 발생할 수 있는 높은 위험을 분산하기 위해 여러 상사에 속했다. 서로 다른 지역에서 활동한 친척들이 결집한 경우도 흔했다. 회계 방법은 단순했다. 상인들은 은행가이자 환전상 역할도 했다. 신용거래가 규칙이었고, 현금 없이 어음(약속어음과 환어음)을 통해 금전 거래가 이루어졌다. 신용 능력이 상인들에게는 성공의 필수 요소였다. 상인들은 누구나 자신의 영업 현황을 비밀에 부치면서도 서로를 감시하며 간접적으로 통제했다. 이런 상인 자본주의는 외형적으로는 조합의 형태를 띠었고, 경제와 정치가 밀접하게 결합되는 양상을 보였다. 해외 지점처럼 상인들을 위한 과업을 집단적으로 맡은 공동 시설이 있었다. 중요한 전략적 사항은 대개 상인들이 독자적으로 결정했지만, 참여한 도시들의 시 의회와 시 정부에서 결정하거나 불규칙적으로 열리는 한자동맹 도시의 회의에서 논의하기도 하였다. 한자동맹이 오랫동안 지속될 수 있었던 것은 소속 도시들의 협력과 특권을 찾아 누리며 분쟁도 꺼리지 않는 정책 때문이며, 또한 크고 작은 개개 상인들이 시장이라는 기회를 활용했기 때문이기도 하다.

전체적으로 보면, 상인 자본주의의 더 역동적이고 미래 지향적인 변형 형태는 12~15세기에 이탈리아 북부 도시들(특히 베네치아, 피사, 제네바, 피렌체)과 독일 남부 도시들(특히 뉘른베르크와 아우크스부르크)에서 발전했는데, 이 도시들은 특히 원거리 무역에서 두드러졌다. 수많은 동전을 싣고 이동하는 것도 힘든 일이어서, 무거운 돈을 가지고 먼 거리를 오가는 난관을 극복할 방법이 필요했다. 원거리 무역은 — 이를 테면, 먼 항구까지 여러 달이 걸리거나 1~2년이 걸리는 경우도 많았고 중간 기착지도 거쳐야 했으며 새 상품도 옮겨 실어야 했다. — 규모가 점점 커지고 더 많은 자본을 요구했다. 선불과 신용을 바탕으로 한 거래는 베네치아에서는 12세기에 이미 일반화되었고, 이자율도 매우 높게 (12세기 중엽에 20~40퍼센트) 책정되는 경우가 많았다. 위험을 줄이려는 욕구가 강해서 여러 상인들과 출자자들이 모여 한시적으로 회사를 만들기도 했다. 상인들은 다양한 물품을 거래했는데, 품목도 다양했고 기능도 천차만별이었다. 전문화의 여지는 없었고 그럴 필요도 없었다. 흔히 한 상인이 배 여러 척을 이용해 일을 한 반면, 많은 출자자들이 공동으로 배 한 척을 운영하는 경우도 많았다. 사람들은 자본을 늘리기 위해 이익을 추구했다. 필요한 자본의 대부분은 거래 자체에서 충당했지만, 정치적으로 얻은 재산이나 폭력으로 점유한 재산, 농업에서 얻은 재산에서 거액이 유입되기도 했다. 거대한, 정말 엄청난 부가 축적되었는데, 처음(12세기)에는 개인 차원에 그쳤지만, 이후에는 가족에서 대를 이어 부가 상속되다가, 대대로 존속되는 회사를 만들겠다는 목표하에 부가 축적되었다. 1150년~1200년에 베네치아를 거점으로 큰 성공을 거둔 해운업자, 상인, 대부업자인 로마노 마이라노^{Romano Mairano}는 동로마제국, 시리아, 이집트, 북아프리카의 이슬람 도시를 누비며 모은 재산을 산자카리아^{San Zaccaria} 수도원에 기증했다(이 수도원은 그가 남긴 서류도 수 세기 동안 보존했다.). 피렌체의 메디치가※가 이룬 재산은 시대에 따라 심한 부침이 있었으나, 대대로 이어졌다. 아우크스부르크의 푸거가※는 '가문'을 이루어 많은 재산을 모았다. 소유자와 운영자가 동일한 가족기업과는 다른, 독립적인 법인을 지닌 기업의 형성은, 흔히 소유권자가 달라지긴 했지만, 13세기와 특히 14, 15세기 이래로 매우 중요한 중세 상인 자본주의의 발전을 나타낸다. 중국과 아랍의 상인 자본주의에서는 이런 형태의 발전이 이루어지지 않았다. 가령, "대※라벤스부르거 회사"는 금융업은 하지 않고 상품 거래만을 — 특히 직물 분야를 — 전문으로 했는데, 150년(1380년~1530년)이나 존속했다.

　중세 전성기와 후기에 새로운 회계 방법과 새로운 법이 마련되지 않았다면 이 같은 상업자본주의의 발전은 불가능했을 것이다. 차변과 대변을 정확하게 나타내고 언제든 대조할 수 있는 복식부기는 늦어도 14세기에 이탈리아 북부 지역의 상업 도시들에서 사용되었다. 베르너 좀바르트가 자본주의의 필수 척도라고 평가한 복식부기는 오랫동안 "베네치아 방식alla veneziana"으로 통했다*. 실제 상업 거래에서 현금 없이 신용을 주고받거나 어음거래를 하고 선물先物거래를 하는 새로운 수단이 생겼다. 이로써 당시 사람들은 상인 자본주의를 펼칠 수 있는 시간과 공간의 범위를 결정적으로 확대했다. 계산을 쉽게 하도록 도움을 준 아랍과 인도의 숫자가 ― 그리고 숫자 0도 ― 동양에서 전해졌을 뿐만 아니라(1200년경), 많은 거래와 계산 방법이 아랍의 경쟁자와 동업자로부터 전수되었다. 조합원 제도나 동업자 관계, 자본 합병을 위한 여러 법이 만들어졌고 유한 책임을 지고 일정 지분을 갖는 (하지만 지분을 거래할 수는 없는) 것을 가능하게 한 자본참여법의 단초도 생겼다. 이것에는 형식적인 합리성과 계약에 따르는 절차를 강조한 로마법 전통을 계승한 것이 ― 결정적인 역할을 한 것은 아니지만 ― 도움이 되었

---

* 복식부기를 발명한 사람이 누구인지는 모르지만, "베네치아 방식"으로 부른 것을 보면 베네치아 상인들이 개발했을 가능성이 있다. – 옮긴이

다.[28] 아랍과 — 그리고 아마 중국과도 — 다르게 남유럽과 서유럽의 상인 자본주의는 역동성이 두드러졌다. 이런 자본주의는 상업을 뛰어넘어 독자적인 제도를 지니고 정치권력과도 유착된 금융자본주의로, 또한 생산 분야까지 진출하는 금융자본주의로도 확장되었다.

은행업은 — 지불 거래를 단순화하고 이익을 얻을 기회도 제공하는 환전, 여신업무와 수신업무, 지로 업무*, 14세기 이래로 어음 거래도 — 처음부터 투기 요소를 포함하고 있었는데, 당시에는 상인들이 이런 업무를 처리했다. 중세 후기에 이르러 이런 업무의 규모와 복잡성, 중요성이 급속도로 커지자, 유대인 저당권자들이나 롬바르디 지역의 많은 저당권자들이 이 업무의 일부를 맡았는데, 이들은 특히 소비자 대출을 담당하면서 사회적 약자들의 어려운 처지를 이용해 고율의 이자를 받았다. 그래서 이들은 고리대금업자로 원성을 샀다. 한편, 이미 자리를 잡았거나 야심을 품은 상인들도 이 업무를 맡았다. 이들은 상품 거래에서 완전히 등을 돌린 것은 아니었지만,

---

* 지급인과 수취인 간의 자금 수수 관계를 예금계좌를 통해 결제하는 업무를 말한다. ─ 옮긴이

점차 금융업을 전문으로 하게 되었다. 은행은 제네바에서는 12세기에, 베네치아에서는 13세기에, 토스카나에서는 14세기 초에 생겼다. 피렌체의 은행들은 — 1350년경에 이미 80개의 은행이 있었다. — 중세 말까지 유럽을 주도했다. 이 은행들은 대개 가족이 바탕이 된 상사 형태로 조직되었고, 자본을 출자하고 경영에 참여해 이익을 나누는 여러 동업자에 의해 운영되었다. 피렌체에서 세 번째로 큰 아치아이우올리Acciaiuoli 은행은 1341년 여러 나라에 16개의 지점, 11명의 동업자, 32명의 관리인, 수많은 직원을 두었다. 바르디Bardi가, 페루치Peruzzi가, 15세기에는 스트로치Strozzi가와 메디치가가 초국가적인 대기업을 이루었다. 이들은 앞에서 말한 금융업, 어음업무, 지로 업무만을 한 것이 아니라, 상업과 수공업에 참여하거나 신용을 주기 위해 자본, 예금, 이익금을 사용했다. 이들은 직접 이런 기업을 운영하기도 했다. 게다가 도시 정부, 지방 유지, 지주, 최고위직 성직자, 정치권력자 들에게도 돈을 대출해주었다. 정치권력자들은 당시 부족한 세수입 때문에 재정 궁핍에 시달렸고, 전쟁을 수행하거나 위신을 세우고 영토를 확장하는 데 어려움을 겪고 있었다. 국가 형성과 금융자본주의의 시작은 서로 밀접한 관계가 있었다. 이런 방식으로 부유한 금융자본가에 속하는 소수 도시 엘리트 시민들이 정치에 영향력을 행사했다. 하지만 동시에 이들의 기업은 정치권력과 정치 상황에 크게 좌우되었다.[29]

자본주의는 중세가 끝날 때까지 대체로 상업과 금융 분야에 한정되었다. 하지만 일부 분야에서는 일찍부터 상인자본이 유통 단계를 넘어 영향력을 끼쳤다. 이런 일은 큰 자본에 임금노동 위주인 대규모 광산업 분야에서뿐만 아니라, 가내공업에서도 일어났다. 상인들은 자신들이 판매할 상품 생산에 영향력을 행사하기 시작했다. 이들은 생산자들에게 원료를 빌려주거나 직접 상품 생산을 주문하기도 했으며 때로는 공구도 제공했다. 이런 예는 특히 13세기 이후 이탈리아 북부 지방(피렌체 등)과 네덜란드(플랑드르와 브라반트)의 모직업 역사에서 찾아볼 수 있다. 그 결과, 생산자들 사이의 분업이 변화했다. 생산자들은 시장과 그 변동에 더욱 종속되었고, 생산자의 지위도 임노동자에 가까워졌다. 왜냐하면 이들은 형식적으로는 독립성을 유지했지만, 사실상 도급 노임을 받았고 때로는 일해서 갚아야 하는 선불금을 받았기 때문이다. 이렇게 해서 상인은 도매상인이 되었고, 수공업자는 가내노동자나 가내수공업자가 되었다. 공장 노동과 시간제 임금도 등장했다. 따라서 자본과 직접적인 생산자, 대상인과 수공업자, 기업가와 노동자(여성 노동자도 포함된다.) 사이의 긴장이 크게 높아졌다. 이러한 긴장은 소요 사태와 폭동으로 이어졌는데, 14세기에 수공업 밀집 지역에서 자주 발생했다. 예를 들어, 1378년 피렌체에서 "치옴피의 폭동Tumulto dei Ciompi"*이 일어났다. 이 폭동은 임금 하락과 전쟁에 따른 세금 폭등에 불만을 품은 도시 빈민과 하층 노동자들이 일으켰는데, 시 당국에 의해 진압되었다. 뉘른베르크의 금속공업, 콘스탄츠의 아마포 직물업, 이탈리아 남부 지방의 선박 제작업 등과 같은 가내공업의 초창기에 항상 갈등이 동반된 것은 아니다. 하지만 자본주의가 유통 단계에서 생산단계로 확장되어 노동에 직접적인 영향을 미치는 순간, 자본주의의 사회적 폭발력이 증가한다는 사실은 일찍부터 드러났다.[30]

---

* 치옴피는 "양털을 깎는 사람"을 뜻한다. – 옮긴이

중세 유럽에서 자본주의를 이끈 것은 상인들이었다. 이들은 부유할 뿐만 아니라 오랜 기간 지역에 뿌리를 내리고 시 정부에도 참여한 명문 시민에서부터 유대계나 롬바르디의 환전상에 이르기까지 아주 다양했다. 환전상들은 고리대금업자로 원성을 샀으며 사회의 변두리에서 불안하게 살았다. 또한 이런 상인에는 도시 길드에 속한 상인, 임시 상인, 신흥 부자도 있었고, 최고 권력자와 친분을 나누는 부유한 상인 은행가도 있었으며, 프롤레타리아화한 공급자와 생산자 들을 정기적으로 방문해 거래한 중개상인도 있었다. 비록 이들이 독점의 이점을 잘 알았고 특권을 — 정치권력에 의한 우대와 시장에서의 보호를 — 추구하긴 했지만, 이들의 공통점은 이익 추구와 돈 거래 경험, 시장에서의 경쟁력이었다. 도매와 원거리 무역을 한 상인의 대부분은 그 당시의 교양인이었다. 이들은 읽고 쓰고 계산할 수 있었다. 이들은 원거리 무역 경험에서 초지역적인 감각을 터득했고 넓은 견문을 쌓으며 처세술을 익혔다. 이들의 사업은 불안정하긴 했지만 유지 가능한 측면이 있었기에 진취적이고 의욕이 넘치며 용기 있는 사람들이 이 사업에 뛰어들었다. 상인 중에는 이런 자질을 지닌 사람들이 아주 많았다. 또한 상인이 — 수요가 제한되었고 대개 매출액도 크지 않았기 때문에 — 전문화되지 않은 것도 두드러진 현상이었다. 상인은 거래하는 사람들이 많았고 많은 일을 동시에 처리했으며 제안이나 재촉도 받아들여야 했고 기회도 노려야했다. 또 이들은 위험에는 철저하게 대처했다. 당시는 국가의 발달이 미약했기 때문에 비교적 안전한 성벽으로 둘러싸인 도시와 익숙한 공동체를 벗어나는 순간, 아주쉽게 위험에 처했다. 하지만 이런 대처도 실패로 끝나는경우가 많았다. 오랫동안 성공 가도를 달려온 기업도 파산하는 경우가 있었다. 부와 권력을 지닌 가문의 몰락도이어졌다. 상인과 은행가 들은 전문화되지 않았고, 이들에게는 일을 일정한 틀에 따라 안전하게 처리할 여유도없었다. 이들은 상업적 성공을 위한 경쟁에서 긴장하고조심해야 했으며 불신을 품기도 하고 때로는 거침없이행동했다. 이들은 자신이 이룬 성과에 자부심을 가졌고자신의 이익을 단호하게 관철시켰다. 이를 위해 이들은숨길 비밀이 있는 양 행동하기도 했다. 이들은 초기 시민계급의 여론을 이끄는 선봉장 역할을 하지는 않았다. 이들은 돈을 벌려고 노력했다. 하지만 돈을 그냥 모아두려고 한 것이 아니라 더 불리려고 했다. 이 모든 것이 자본주의 원칙과 일치했다.

하지만 완전히 발전된 자본주의와 달리, 상업에서 고정자본은 제한되었고, 자본축적은 빠르지 않았으며 무제한 확대되지도 않았다. 이렇게 된 부분적인 이유는 이익률은 매우 높았지만 이익의 일부만 사업 확장에 쓰였기 때문이다. 당시의 사업은 대개 불과 몇 년 단위로 계획되었고, 주인이 죽고 난 뒤에도 유지되리라고 생각하지 않았다. 흔히 이익의 대부분은 소비에, 그것도 사치품 소비에 쓰였고 또 토지 구입에 쓰였다. 당시에 한 세대를 뛰어넘지 못했던 상업자본의 일시적인 성격과는 반대로, 소유지는 다음 세대로 물려줄 수 있는 지속적인 물적 토대였다. 당시 사람들이 생각한 멋진 시민계급의 삶이란, 성공을 거두고 나이가 들면 긴장의 연속인 상업 활동에서 벗어나 편안한 연금 생활자의 삶을 누리면서 안락한 별장을 구입하는 것이었는데, 일부 특별히 성공한 상인들의 경우에는 여기에 선망의 대상인 귀족 칭호, 영지, 성의 소유가 추가되었다. 달리 말해, 자본축적과 사업 확장은 중세의 사회적·문화적 조건하에서는 아직 지배적인 목표가 아니었다. 이는 훨씬 나중에야 가능해졌다. 이익과 사업 성공은 멋진 삶이라는 목적을 이루기 위한 수단에 지나지 않았다.

자본주의의 이런 소박한 변형 형태는 깊이 뿌리박힌 도덕관념에서 벗어날 때에야 비로소 관철될 수 있었다. 기독교 교리는 돈을 빌려주는 행위, 즉 이자를 받는 신용 거래를 "고리대금"으로 여겨서 금지했다. 《구약성경》의 〈신명기〉는 "동족"에게는 이자를 받지 못한다고 말한다 (23장 19절~20절). 따라서 기독교인이 기독교인에게 이자를 받고 돈을 빌려주는 행위는 금지되었는데, 이는 왜 유대인이 이런 일에 종사하는 경우가 많았는지를 설명해준다. 원래 시골의 수공업 위주 사회에서 생겨나 형제애 형태의 연대를 높이 평가한 기독교 교리는 명백히 반 $_反$ 자본주의적인 태도를 드러냈다. 기독교 교리는 이익을 삶의 목표로 삼는 것에 반대했고, 상인에게도 불신을 품었다. 이런 완강한 태도는 시간이 흐르면서 약해졌고, 점점 더 발전해가는 경제 현실과 조화를 이룰 정도로 완화되었다. 게다가 기독교인들이 이자 금지 교리를 피해 수익성

높은 신용거래를 할 수 있는 방법도 많았다. 교회의 도덕 교리는 반대 논거도 개발했다. 즉, 교환·이익·부를 상인들의 불안과 노력에 대한 정당한 대가로 그리고 공익에 유용한 것으로 해석하기 시작한 것이다.

하지만 기독교가 중심이 된 중세 유럽에 널리 퍼진 자본주의에 대한 불신과 도덕적 거부, 지식인들의 비판에도 불구하고 자본주의가 입지를 세운 것은 주목할 만한 현상이다. 상인들은 종교에 걸맞는 처신과 상징적 행동, 기부와 선행을 자주 하였고, 막대한 재산을 수도원이나 교회에 기증함으로써 노년에 "마지막 속죄"를 하는 등 반자본주의적인 정서가 팽배한 현실을 고려했다. 중세의 많은 상인들은 지옥의 고통에 대한 두려움을 가지고 있었다. 당시 상인들은 대부분 세속적인 생활을 했지만 독실한 기독교도였다. 하지만 상인 자본주의의 동력은 공식적인 기독교 윤리가 표방하는 반자본주의에 제동이 걸리지 않았다. 이후 세기에도 언제나 널리 퍼져 있던 자본주의 비판이 자본주의의 전파를 실제로 가로막은 경우는 드물었다.[31]

4.
1500년대의
중간 성과

상인 자본주의는 500~1500년의 천 년 동안 일어난 유럽의 특수한 현상이 아니라 세계적인 현상이었다. 앞에서 설명한 중국과 아랍, 유럽의 경우를 넘어 다른 지역 특히 인도와 동남아시아에도 상인 자본주의가 존재했다.[32] 분명히 상인 자본주의는 매우 다양한 사회, 문화, 종교의 조건하에서 발전했다. 글로벌 히스토리 차원에서 비교해보면, 유럽은 자본주의적 행동 방식과 제도 면에서 발전이 늦었고 오랫동안 후진적이었다. 이는 서구에서 자본주의 역사를 요약할 때 통용되는 유럽 중심적인, 서구 중심적인 시각과 모순된다. 자본주의의 시작을 12세기로

잡는 것은 잘못이다. 왜냐하면 아랍과 중국에서는 그 이전에 이미 자본주의가 존재했기 때문이다.

여기서 다룬 중국, 아랍, 유럽의 자본주의는 서로 격리되어 있지 않았다. 오히려 이 세 지역은 서구 중세의 전성기에 이미 서로를 인지했고 영향을 주고받았다. 자본주의 역사에서 보면, 유럽은 다른 지역에서 — 그 반대의 경우보다 — 더 많이 배우고 받아들였다. 이것 역시 오랫동안 통용돼온 유럽의 자기 이해에 모순된다. 하지만 상호 연결이 활발하게 펼쳐진 것은 아니었다. 따라서 1200년~1300년경의 시기를 "세계 체제"라고 말할 수는 없다.[33]

유럽의 자본주의 발전은 중국과 아랍보다 뒤처졌지만, 곧 역동성을 더 띠었다. 이 역동성은 특히 처음에는 원거리 무역에서 나타난 자본주의가 다른 부문, 즉 정치권력에게 재정을 지원하고 금융 부문과 가내공업의 생산 부문으로 뚜렷하게 확산된 데에서 나타난다. 유럽에서 역동성이 더 두드러진 이유는 여기서 자세하게 설명할 수 없다. 하지만 종교사적인 설명은 배제할 수 있다. 왜냐하면 이슬람교가 7세기 이래 아랍에서 그리고 동아시아의 종교들이 10세기 이래 중국에서 자본주의적 단초를 억누르고 방해했던 것보다 더 단호하게 기독교 윤리가 중세 유럽의 자본주의적 단초를 억누르고 방해했기 때문이다. 유럽이 비유럽 지역의 자원을 착취한 것도 1500년까지의 시기를 설명하는 요소로 끌어들일 수 없다. 유럽에서의 역동성에는 의심할 바 없이 여러 가지 요소가 역할을 했다. 하지만 중국과 비교해보면, 유럽에서는 경제와 국가, 시장과 정치권력의 관계가 — 유럽이 세계의 다른 지역으로 팽창하기 전인 초기 단계에서는 — 더욱 더 결정적이었다.

중국, 유럽 등 그 어느 곳에서든 상인 자본주의는 정치권력을 지닌 자들과 명확히 거리를 두고 발전한 것이 아니다. 어느 곳에서든 당시에는 경제와 국가가 분명히 분화되지 않았다. 중국뿐만 아니라 유럽에서도 상인들의 경제력과 당국의 정치권력이 서로 밀접하게 연결되었다. 국가 형성과 시장 형성이 도처에서 얽히고설킨 관계를 이루었다. 하지만 유럽에서는 정치체제 자체가 다양하고 분열된 반면, 중국에서는 중앙집권화된 제국이 유지되었다. 도시국가, 제후국, 영방領邦국가, 여타 정치단체들 사이의 격심한 경쟁과 흔한 전쟁이 유럽적 정치 지형의 핵심이었다. 하지만 중국은 그렇지 않았다. 동시에 유럽의 도시는 중국의 도시에서 찾아볼 수 없는 시 의회 중심의 정치적 자율권을 지니고 있었다. 따라서 이런 유럽적 정치 지형에서는 정치 지도자들이 서로 경쟁하면서 지배 지역에서 경제적 잠재력을 키운 반면, 중국에서는 이러한 모티브가 관료 정부를 움직이지 못했고 15세기에는 크게 후퇴하는 결과를 초래했다. 유럽에서는 자본주의를 떠받치는 상인들이 — 적어도 그 대표자들이 — 도시국가의 지도자들과 공생 관계를 이루거나, 재정 지원이 필요한 정치권력자들과 밀접한 관계를 맺고, 형식적인 자치 조직(길드)을 만들어 정치에 직접 영향력을 행사한 반면, 중국과 아랍, 인도의 상인들은 권력의 문턱을 넘지 못했고, 국가 형성을 위한 재정 지원에도 유럽의 상인보다 참여도가 훨씬 더 낮았다. 따라서 유럽의 정치는, 수많은 마찰과 예외가 있지만, 결과적으로 상인들의 동력과 자본주의적 축적을 촉진한 반면, 중국의 정치는 상인들의 동력과 대자본의 형성을 처음에는 어느 정도 허용하고 지원했지만, 결국 불신이 생겨 이 두 가지 모두를 제한했고 — 국

내외 정치 조건이 변화하자 — 제동을 걸었다.[34]

지금까지 상인들과 이들의 사업이 결정적 역할을 하는 상업, 특히 원거리 무역에서 자본주의가 어떻게 형성되었는지를 설명했다. 자본주의가 시작된 시기를 명확하게 확인하기는 어렵지만, 자본주의가 빠르게 확대된 시기는 중국 10~14세기, 아랍 7~11세기, 유럽 12~15세기였음이 드러났다. 많은 사람들이 자본주의를 구분하는 마르크스주의 전통에 따라, 자본이 생산을 통제하며 생산과정에서 노동의 조직화를 야기하는 경우에야 비로소 "자본주의"임을 인정한다. 그들은 우리가 앞에서 다룬 현상을 전前 자본주의적이라고 분류한다.[35] 나는 이 입장에 동의하지 않는다. 집중적인 시장 거래, 상인들의 강한 이익 추구, 상업 활동과 상업적 조직들의 상대적 독자성, 신용을 투입한 투자와 축적, 기업의 형성(유럽에만 한정된다.), 원거리 무역을 넘어(비록 시작 단계이긴 하지만) 생산에까지(유럽에만 한정된다.) 미치는 자본주의 발전의 역동적인 영향력, 이 모든 것이, 앞에서 말한 정의에 따라(1장 3절 참조), 위에서 살펴본 현상들을 자본주의적 현상으로 자리매김하는 것을 정당화하고 또 당연시하게 만든다. 그리고 이 현상들 상호 간에 인과관계도 존재했다. 이 시기의 상인 자본주의는 (또는 상업자본주의는) 생산단계까지 포함하는 이후의 자본주의적 변형 형태에서 효력을 발휘한 자본과 절차, 조직을 만들었다.

하지만 앞에서 말한 정의에 따르면, 여기서 말하는 자본주의는 여러 가지 점에서 자본주의 그 자체라기보다는 자본주의로 나아가는 맹아일 뿐이라는 사실은 분명하다. 농업에서든 수공업에서든 대개 생산의 철저한 자본주의적 조직화가 이루어지지 않은 것은 사실상 큰 한계로 진단해야 한다. 여러 차례 확인되었듯이, 중요한 상업 활동을 한 인물들이 자본 투자와 자본축적에 주저한 것은 또 다른 한계이다. 왜 이렇게 주저했는가를 추적하는 것은 오늘날의 문제를 고려할 때 흥미롭고 유의미한 일이 될지도 모른다. 하지만 그들이 이렇게 주저한 것은 나름대로 자본주의를 사회적으로 편입하고 정치적으로 통제하는 방편이기도 했다. 끝으로, 앞에서 충분히 해명할 수 없었던 점이긴 하지만, 다음의 사실은 아무리 강조해도 지나치지 않는다. 즉, 설명한 자본주의적 특징들은 일부의 현상이었지만, 경제와 사회는 비자본주의적 원칙에 따라 작동했다. 전체적으로, 중세 사회에서는 생업 경제와 가계경제, 시장 거래 없는 당사자 간 거래, 비경제적인 지배와 종속 형태, 정치적 제약이 따르는 신분적 불평등, 비자본주의적 문화, (유럽의 경우) 봉건주의 등이 지배했다. 이 장에서는 주로 비자본주의적인 환경에서 생겨난 자본주의의 발전이 주제였다. 앞에서 말한 것처럼, 이런 자본주의의 발전은 망망대해 한가운데에 있는 작은 섬처럼 소수 현상이었다. 이런 섬들은 중국의 경우처럼 다시 사라질 수 있다. 목적론적 사고방식은 맞지 않다. 하지만 전체적으로 보면, 이런 섬들은 점점 커졌고 이 섬에서 나오는 효과는 확산되었다.

III.

팽창

1500년경까지 자본주의는 주로 상인 자본주의로서 등장했으며, 전체적으로 봤을 때 경제와 사회에 미미하게 작용했다. 하지만 그 뒤 300년간 자본주의는 근본적으로 확대되어, 새롭게 자리를 잡아가던 세계무역 체제 내에서 팽창했으며, 생산 영역에까지 작용했다. 자본주의의 전체 사회적 의미, 특히 네덜란드와 영국에서의 의미를 고려하면, 자본주의의 근본적 확장이라고 할 만하다. 자본주의에 대한 공공의 평가는 대체로 호전되었다. 유럽의 눈으로 보자면 근세 초인 이 국면에서는 명백히 서유럽이 자본주의 역사에서 선도 지역이 되었으며, 동시에 전 지구적 연계가 증대되었다. 자본주의의 성장, 영방국가의 권력 확대, 식민주의로 흘러간 유럽의 팽창이 서로 영향을 주며 당시의 형세를 결정했다.

1.
사업과 폭력:
식민화와 세계무역

마르크스에 따르면, 자본주의는 폭력과 억압의 결과로 피와 오물을 흘리며 세상에 태어났다.[36] 이것은 역사적으로는 절반의 진실에 불과하지만, 자본주의의 성장과 식민주의 사이의 관계를 고려할 때 적절한 통찰이다. 종종 "지리적 발견의 시대"라고 포장해서 말하지만, 실제로 그것은 세계의 대부분이 유럽의 강대국에게 굴복했던 시대이며, 폭력의 시대이자 상업의 시대였다. 포르투갈과 스페인 사람들은 대서양을 가로질러 남아메리카 제국들을 파괴하고 재화를 약탈했다. 또한 그들은 아프리카 남단 항로 개설 이후 아시아로 가는 해로의 통제권을 아랍인에게서 빼앗고, 아시아 대륙 해안의 수많은 항구를 자신들의 거점으로 바꾸어놓았다. 16세기 남유럽의 "왕관 자본주의Kronkapitalismus"(라인하르트Reinhard)에 이어 17세기에 네덜란드의 상인 자본주의가 등장했다. 네덜란드는 동남아시아에 식민 제국을 세웠으며 북아메리카와 아프리카에서 영향력을 확보하기 위해 프랑스, 영국과 대결했다. 이 싸움에서는 영국이 승리했다. 영국은 18세기에 스페인, 프랑스와 수많은 전쟁을 치르면서 지도적인 식민 세력으로 부상했다. 영국은 대함대의 도움으로 고수익의 무역업을 마련했고, 인도 아대륙이나 오스트레일리아에서와 달리 북아메리카에서는 이주지를 건설하고 대개 간접적으로 지배했다. 여타 유럽 국가들이 영국과 보조를 맞추려 했지만 대체로 헛된 일이었다. 서유럽과 그 외 대륙 간의 균열은 보다 깊어졌다. 유럽 국가들은 1500년경 세계 영토의 7퍼센트를 지배했지만, 1775년경에는 35퍼센트를 지배했다.

이와 같은 유럽의 인상적인 팽창을 일차적으로 자본주의 발전의 결과로 이해한다면 그것은 옳지 않을 것이다. 팽창 동력 중에는 굳건해진 영방국가 및 그 정부들의 권력욕이 아주 높은 위치를 차지한다. 기독교 선교라는 목표도 정치적, 경제적 팽창을 이끌고 정당화하는 역할을 했다. 그러나 유럽의 세계 진출을 결정적으로 견인한 것은 경제적 이익이었다. 즉, 여타 유럽 세력과의 치열한 경쟁에서 버텨내기 위한 부와 이윤 추구, 귀금속에 대한 열망, 상업적 이점의 추구 같은 것이었다. 그에 발맞추어 대규모 탐험과 토지 점거가 이루어졌는데, 일반적으로 이를 수행한 것은 독자적으로 행동하던 콩키스타도르*, 기업가, 선장, 모험가, 군사적 요소와 상업적 요소를 결합시켰던 상인들이었다. 그래서 에르난 코르테스^{Hernán Cortés**} 같은 콩키스타도르들은 선박 정비, 무기 조달, 보수 지불을 위해 출항 전에 막대한 대부를 받았다. 그 무거운 채무는 줄곧 새로운 약탈 행각으로 이어졌다. 야심에 찬 정치권력자, 계산적인 금융가, 대담하고 거침없는 모험가들 사이의 역동적인 공생 관계가 유럽의 세계적 팽창에서 핵심적인 역할을 했다. 여기에 상업과 전쟁이 혼란스럽

---

* conquistador. 스페인어로 정복자. 15~17세기에 아메리카 대륙에 침입한 스페인 사람들을 가리키는 말 – 옮긴이

** 1485~1547. 스페인의 콩키스타도르. 아즈텍 제국을 정복함 – 옮긴이

게 뒤섞였다. 즉 권력 추구, 자본주의적 동력, 무법적 폭력의 혼재 상태가 나타났다. 그것은 역사 속에서 규칙이 되지는 못했지만 현대에 이르기까지 끊임없이 거듭해서 등장하고 있다.[37]

이런 지형이 자본주의의 지속적 발전에 미친 영향은 엄청났다. 서유럽을 중심으로 한 새로운 세계무역 체제가 형성되었다. 처음에는 남아메리카에서 약탈되다가 이후에는 남아메리카의 광산에서 대량으로 채굴된 금과 은은 국제무역 거래의 지불수단이 되어 유럽에서 인플레이션을 가속화했다. 결국 이 금과 은은 대부분 아시아의 사찰과 궁전으로 들어갔다. 왜냐하면 당시 무기 외에 인도인과 중국인의 관심을 끌 만한 수출품을 그다지 갖지 못했던 유럽인들은 금과 은을 통해서만 아시아의 사치품들을 수입하고 결제할 수 있었기 때문이다. 특히 네덜란드와 영국의 무역 회사, 상인, 선주, 선장 들은 18세기까지 특유의 대서양 삼각무역을 발전시켰다. 이들은 유럽에서 (특히 직물, 금속품, 무기와 같은) 대량 소비 상품을 아프리카 서부 해안의 항구로 운반했다. 이들은 이곳에서 아프리카 노예들을 아메리카로 운송했는데, 이 노예들은 브라질, 카리브 해 국가, 북아메리카의 남부 주에서 활발하게 펼쳐진 플랜테이션 경제를 위한 저렴한 노동력으로 크게 환영받았다. 삼각무역의 마지막 고리로 이들은 설탕, 담배, 면화, 기타 수출품 등을 유럽으로 운반했는데, 이 상품들은 유럽에서 이익을 남기고 팔리거나 재가공되었다.

게다가 유럽 내에서 잉여 농산물, 특히 곡물을 동유럽과 중동부 유럽에서 서유럽으로 옮기는 활발한 교역이 이루어졌다. 서유럽에서는 도시화가 진전되고 수출업이 발전하면서 상품 수요가 늘어났다. 이로써 유럽 내 원거리 무역의 중심이었던 지중해는 중요성을 상실하고 대서양이 부각되었다. 이에 따라 유럽에서 자본주의 발전의 선도 지역은 이탈리아 북부, 고지 독일Oberdeutschland*, 발트 해 및 북해 지역에서 네덜란드로, 그다음에는 영국으로 이동했다. 이제 세계경제의 중심은 더 이상 제노바와 피렌체, 아우크스부르크와 뤼베크가 아니라, 안트베르펜, 암스테르담, 런던으로 이동했다. 확실히, 점점 더 강화된 원거리 무역은 막대한 이익과 상당한 수요 효과를 창출

---

* 작센과 튀링겐 주의 일부를 포함한 마인 강 이남의 독일 남부 지역 – 옮긴이

했다. 원거리 무역은 식민지의 수출 지향적인 플랜테이션 경제를 견인하고 서유럽의 농업과 상업에서 자본주의를 관철한 결정적 원동력이었다.[38]

2.
주식회사와
금융자본주의

상인 자본주의와 확대되는 식민화가 결합되면서 혁신의 계기가 마련되었다. 한편에서는 기업이 과거 어느 때보다 견고해진 자본주의 제도의 핵심적 구성 요소로서 확고한 입지를 얻었다. 1602년에 설립된 네덜란드의 "동인도회사"는 16~17세기 식민지 무역을 목적으로 네덜란드, 영국, 프랑스를 비롯한 여러 나라에서 생긴 주식회사들 가운데 가장 중요했다. 다른 한편에서는 오늘날까지도 작동하고 있는 금융자본주의의 새로운 제도와 관행이 생겨났다. 효율적으로 작동하는 증권거래소가 1531년 이후 안트베르펜에, 1611~12년 이후 암스테르담에, 1698

년 이후 런던에 계속 존재하고 있다.

16세기까지 무역 회사는 주로 동업 관계로 존재했다. 비교적 독립되어 일하던 소수의 상인들이 무역 회사를 통하여 그때그때 매우 제한된 시간 동안 결합하였다. 반면 동인도회사와 더불어 유한회사가 생겨났다. 645만 굴덴이라는 상당한 자본금이 219명의 유한 책임 출자자들에 의해 조달되었다. 이들은 정기적으로 배당금(연평균 18퍼센트)을 수령했지만 회사의 운영에는 별 영향력을 갖지 못했다. 동인도회사는 1799년까지 존속했지만 출자자들은 교체되었다. 그것은 출자자들이 새로 형성된 증권거래소에서 자신의 지분을 거래할 수 있었기 때문이다. 회사 운영은 이사들의 수중에 있었다. 이들은 정교한 위원회 체제, 즉 체계적 보고 제도의 도움을 받아, 암스테르담에서 다수의 지점을 (특히 아시아에서) 경영하는 수직 통합된 광대한 조직을 지휘하였다. 곧 중앙 사무국이 350명의 사무원을 고용하여 이를 지원하였다. 회사는 많은 상품의 구입, 운송, 판매를 관리했다. 하지만 사안에 따라서 생산 기업으로 확대되기도 했는데, 가령 인도에서는 초석 공장과 견방적 공장을 병합했다.

이 모든 견지에서 동인도회사는 지극히 근대적으로 보인다. 하지만 동인도회사와 19~20세기의 다국적 대기업을 구별 짓는 것은 광범위한 유사 국가적 권한을 지닌 독점기업이라는 동인도회사의 특성이다. 네덜란드 의회 정부는 희망봉 동쪽의 네덜란드 전체 무역 사업을 경영할 권리를 동인도회사에 주었고, 거기에 더해 "전쟁을 지휘하고 계약을 체결하며, 토지를 소유하고, 요새를 건설하는 등의" 자격도 부여했다. 동인도회사는 이따금 다른 나라 경쟁자들과의 무장투쟁에서 이 권리를 이용했다. 자본주의적 사업은 언제라도 전쟁으로 바뀔 수 있었다. 어떤 경우, 동인도회사는 수입의 대부분을 경쟁 선박 내지 적대 선박을 약탈하여 얻기도 하였다.

자본 수요가 막대했다는 점과 지불해야 할 반대급부가 복잡했다는 점만으로 이 독특한 조직의 생성을 다 설명할 수는 없다. 동인도회사는 이 시기 정부의 정치적 욕구에 상응했다. 또 사업·정치·폭력이 긴밀히 혼재된 상태에 있었다. 국가들 사이의 치열한 경쟁은 한 국가 안에서 기업 간 경쟁을 가라앉히기도 하였다. 동인도회사는 정부의 압력으로 형성된 네덜란드 지방의 모든 상인과 무역 회사의 결합체이며, 국제 경쟁을 위한 자원의 결집체이다. 그것은 처음에는 스페인을, 곧이어 영국을 겨냥했다. 그 시기의 다른 무역 회사에서도 유사한 모습이 보인다. 가령 1600년~1858년에 존재했지만 훨씬 규모가 작았던 영국의 동인도회사나 네덜란드의 서인도회사, 그에 상응하는 여타의 회사들, 가령 스칸디나비아반도의 국가들에서 창립된 회사들이 그런 예이다.[39]

화폐, 어음, 송금, 신용, 보험 사업은 처음부터 상인 자본주의에 속했다. 하지만 상품 교역에 종사하는 상인들만 이 사업들을 활용한 것은 아니었다. 12세기 이후 점점 더 이 분야에 특화되고 동시에 국제적으로 활동하던 은행들도 이 사업들을 활용했다. 은행들은 대개 예금을 수취했고, 공공연하게 또는 은밀하게 이자를 제공했다(72~73쪽 참조). 여기서 중요한 역할을 한 것이 시 정부, 대농장주, 영주, 군주에 대한 신용 대출, 황제와 교황을 비롯한 왕들에 대한 신용 대출이었다. 그렇게 해서 직인職人과 상인 가문 출신인, 아우크스부르크 상점주 야콥 푸거 Jacob Fugger는 상사와 광산 회사를 경영하는 동시에 대은행가로도 활동했다. 푸거는 은행가로 활동하면서 합스부르

야콥 푸거

크 가문의 황제 막시밀리안 1세^{Maximilian I}와 카를 5세^{Karl V}의
선거, 전쟁, 여타 국가사업을 재정적으로 지원했다. 상인
이자 은행가로서 푸거의 실적은 나쁘지 않았다. 생애 마
지막 10년간 그의 사업은 연평균 54퍼센트의 수익을 올
렸다. 1525년 사망했을 때 그는 분명 유럽에서 가장 부유
한 기업가였다. 17세기 영국에서도 상사가 아닌 화폐 사
업을 통해 큰 재산을 일군 사례가 있었다.[40]

　국제적으로 촘촘히 연결된, 어떻게 보면 세계주의적인
금융자본주의의 중심은 점점 더 서유럽으로 이전되었다.
원래 이탈리아에서 발전한 송금 및 어음거래 수단들은

안트베르펜, 암스테르담, 런던에서 더욱 발전했다. 이 수단들은 점점 늘어나는 은행 업무에서 나타난 새로운 요구를 충족시켰다. 이때는 17세기 초 이래 생성된 시립 은행이 사립 은행을 점차 보완하고 있었다.

증권거래소에서 거래되는 증서 가운데 식민 사업에 참여한 독점회사의 주식이 상당한 몫을 차지했다. 자본의 상품화는 더욱 강화되었으며, 자본거래에서 투기적 요소가 폭발적으로 증가했다. 이로써 투기 수익에 대한 전망뿐만 아니라 대규모 손실의 위험도 증대했다. 이 두 측면은 얼마 지나지 않아 능동적이고 전문적인 소수 상인 자본가들만이 아니라 점점 증가하는 중소 규모의 투자자들에게도 해당되었다. 17세기가 경과하는 동안 이 투자자들은 서유럽의 중심 도시에 있는 증권거래소에서 운을 시험하고, 내기를 걸고, 투자하고, 투기하는 법을 배웠다. 우선, 이미 17세기 초에 1,000명이 넘는 이해관계자들이 동인도회사에 참여하려고 지원했다. 그중 80명만 1만 굴덴 이상으로 지원했고, 대다수는 미미한 액수로 지원했다. 17세기 후반에는 "모든 인구 집단에서 네덜란드 국채 응모자가 나왔다. 그중에는 대은행, 시 지도층, 보험

회사, 대학 졸업자, 관리, 소규모 연금생활자를 포함한 중
산층, 부농, 교회 공동체나 공익 재단 같은 조직 투자자
들도 있었다."(판 데르 베^{van der Wee}). 1720년 영국 남해회사
South Sea Company가 몰락할 때에는 그에 앞서 본격적인 투기
열풍이 불었다. 영국 정부가 남해회사에 남아메리카와
의 독점 교역을 허가했는데, 이 독점권에는 미발견 지역
들(!)에서의 모든 권리가 포함되었다. 여론은 스페인의 조
속한 정치적 약화를, 뒤이어 이 사업에서 나올 막대한 수
익을 기대했다. 지분을 향한 경주가 시작되었다. 주가는
한 달 만에 120파운드에서 950파운드로 올랐다. 아주 많
은 사람들이 그 회사에 돈을 위탁했는데, 여름에 거품이
꺼지고 주가가 폭락했을 때 그 돈을 모두 날렸다. 아이작
뉴턴 경^{Sir Isaac Newton}도 피해자였다. 뉴턴은 이렇게 말할 수
밖에 없었다. "나는 불규칙한 별들의 움직임은 계산할 수
있으나, 대중의 광기는 계산할 수 없다."[41] 이 같은 위기
가 전체 경제 및 사회에 미친 영향은 제한적이었다. 하지
만 많은 사람들이 처음으로 주식거래와 투기에 대해 알
게 되었다. 자본주의가 풍부히 준비해놓은 희망과 절망,
수익과 손실을 실제로 체험한 것이다.

근세 초 은행의 성장은, 상업의 확장 때문에 신용 수요가 증가한 것에 대한 반응으로만 이루어진 것이 아니다. 또한 상업의 확장으로 새로운 유형의 중개 및 송금 서비스 수요가 나타난 것에 대한 반응으로만 생겨난 것도 아니다. 도리어 은행 서비스를 요구한 것은 바로 지배자들이었다. 매우 일찍이 시 정부들이, 그다음에는 특히 유력하게 자리 잡은 영방국가의 정부들이 그와 같은 요구를 하였다. 이들은 많은 전쟁을 하거나 위신을 세우고 영토를 확장하기 위해 자기 소득에서 사용할 수 있는 것보다 훨씬 더 많은 재정 수단이 필요했다. 군주와 정부 들은 생성되고 있던 금융자본주의를 국가 건설의 수단으로 이용했다. 그들은 자기 목적을 위해 예금이나 채권과 같은 개인과 조합의 재산 일부를 은행에서 빼돌리려 했다. 게다가 관세와 조세를 징수하기 위해 대상인 가문을 이용하였다. 몇 번이고 자본가들에게 큰 빚을 졌으며, 간혹 채무면제를 강요하기 위해 자신의 정치권력을 이용했다. 채권자들에게 고율의 이자 이외에 독점권이나 채굴권을 제공했고, 공개적 찬사를 했으며, ─ 전쟁에서 성과가 있는 경우에는 ─ 전리품을 나눠주었다. 사회의 중상층 구성원들은 국가와 공동체가 발행하거나 보증한 채권에 서명함으로써 각각의 공동체 및 정부와 경제적으로 결합했다. 교회 공동체와 재단 같은 조합 기관과 생산조합 기관들도 마찬가지였다.

결과적으로, 이 상황에서는 거대한 이익이 시장에서의 성패만이 아닌, 정치권력의 운명과 전횡에 달려 있었다. 견실한 자본을 가진 기업이 드물지 않게 파산했던 것도 그 결과였다. 그러나 상황은 나라마다 달랐다. 결정적인 것은 장기적으로 공공 부채를 조정하는 방법에 달려 있었다. 네덜란드 공화국이나 1688/89년 후에 세워진 영국 입헌 군주정에서는 이미 17세기 말에 공공 부채 정리가 이루어졌다. 이에 대해서는 (네덜란드) 지방정부와 의회 정부 또는 (런던) 의회와 재정적으로 잠재력을 지닌 시민층의 대표들이 책임을 졌다.

이를 배경으로 네덜란드와 영국의 신용도와 경제력이 괄목할 만큼 성장했다. 게다가 조세를 인상하는 동시에 높은 수준의 공공 부채를 수용 가능한 이자로 지탱해가면서 그 정부들의 권력과 실행 능력도 성장했다. 18세기의 상업자본주의적 활력이 쇠락한 뒤에도 네덜란드는 계속해서 은행 경제와 금융자본으로 유럽과 세계의 중심 역할을 했다. 1694년 영국은행의 설립은 영국 공공 재정의 성공적 혁신 사례 중 하나이다. 영국은행은 민간경제로 조직되었지만 재빨리 일종의 중앙은행이 되어 "최종 대부자the lender of last resort" 역할을 했으며, 국가의 통화정책을 공동으로 결정했다. 이는 국가 형성을 위한 중요한 기여이자 자본주의의 지속적 발전을 위한 이상적인 조건이었다.[42]

3.
플랜테이션 경제와
노예제

　"외견상 우리가 자본주의와 연결시키는 거의 모든 금융기관의 구성 요소 — 중앙은행, 채권시장, 공매도^{空賣渡}, 중개회사, 투기 거품, 증권화*, 연금 — 는 경제학의 성립 이전에 발달했을 뿐만 아니라(이것은 그리 놀랄 일이 아니다), 공장과 임노동의 성립 이전에 발달했다."[43] 실제로 자본주의는 1750년경 생산 영역에서 자본주의적 변형이 일어나지 않은 채, 지구적 차원에서 연계되어가며 서유럽에서 상업 및 금융 자본으로 확립되었다. 이런 변형은 영국

---

* 자금이 증권이라는 금융 수단에 의해 시장에서 거래되는 현상 - 옮긴이

에서 시작된 산업화(4장 참조)와 함께 18세기 후반에 급격히 찾아왔다. 하지만 근세 초 자본주의의 확장이 생산 영역에서 완전히 사라지지는 않았다. 사실은 그 반대였다. 자본주의는 이미 산업화 이전에도 노동 세계를 변형시켰다. 아래에서는 그 변형이 이루어진 무대가 서술될 것이다. 플랜테이션 노동, 농업, 원산업적 영업이 그것이다.

자본주의를 — 비경제적 강제, 생산수단의 소유에서 자유로운 노동, 계약의 토대 위에서 채용되며 노동력 대 임금이라는 교환 관계의 틀 안에서 보수가 지불되는 — "이중으로 자유로운 임노동"과 연결시키는 데 익숙한 사람은 우선, 근세 초 자본주의의 관철이 유럽 외부에서 그리고 부분적으로는 동유럽에서 부자유 노동의 대량 증가로 이어졌다는 혼란스러운 사고에 친숙해져야 한다. 이미 16세기에 포르투갈과 스페인 사람들에 의한 남아메리카의 은광 채굴이 대부분 강제 노동으로 행해졌다. 원주민들은 강제 노동으로 억압당하고 고통받았으며, 목숨을 잃었다. 처음에 네덜란드의 식민지였다가 그다음에 포르투갈의 식민지가 된 브라질은 16세기 말에서 17세기 말까지 세계 최대의 설탕 생산지였으며, 그곳의 설탕은 유럽으로 수출되었다. 식민 세력들의 각축장이었던 카리브해 지역에서는 처음에 담배가 수출되었고, 그다음에는 설탕이 대량 수출되었다. 예컨대 바베이도스에서는 1820년대까지 설탕 수출이 계속되었다. 버지니아와 남부 캐롤라이나의 플랜테이션 농장주들은 담배, 쌀, 인디고의 생산과 수출에 집중했으며, 18세기 말부터는 목화에 치중했다. 이 필수 상품들의 대량 경작은 식민화의 결과였으며, 이는 주로 유럽의 상인과 무역 회사들, 그리고 그 지역에 점점 더 이주해온 농업 기업가들의 발의와 투자의 결과였다. 그 체제는 당대 자본주의의 산물이었다.

플랜테이션 경제체제는 인도, 동남아시아, 아프리카 일부 등 세계 여타 지역에서도 수 세기 동안 적용되었고, 그 체제 안에서 광범위하게 생산이 이루어졌다. 플랜테이션은 농업 대기업으로서, 수출용 고부가가치 필수 상품의 생산에 특화되었으며, 드물지 않게 단작을 하였다. 당시 식민지에서도 플랜테이션에 필요한 자본 투입이 상당한 규모로 이루어졌다. 1770년 자메이카에서는 240헥타르의 대지와 200명의 노예로 이뤄진 중간 규모의 사탕수수 플랜테이션에 1만 9,000파운드의 가치가 매겨졌다. 자

인도네시아 수마트라의
사탕수수 플랜테이션

본의 37.5퍼센트는 노예 몫이었으며, 31.5퍼센트는 토지
몫이었고 21퍼센트가 사탕수수 제분소 몫이었다. 수익은
애초에는 50퍼센트에 달했으나 18세기에는 5~10퍼센트
정도였다.

원주민 노동력 부족 및 자질 결여라는 문제에 직면하
여, 유럽과 북아메리카 노예 상인들은 16세기 초에서 19
세기 사이에 1100만~1200만 명의 아프리카 인들을 아
메리카에 팔았다. 그중 48퍼센트가 서인도제도에, 38퍼
센트가 브라질에 팔렸으며, (이후) 미국 남부 지역에는 겨
우 5퍼센트 정도가 팔렸다. 그들 중 압도적 다수가 플랜
테이션에 발을 디뎠고, 그 외 사람들은 가내노예나 수공
업자로 일했으며, 소유주의 결정에 따라 여타 활동에 종
사하였다.

플랜테이션에서는 노예 이외에도 수많은 "연한계약이민노동자indentured servants", 즉 계약 일꾼들도 일했는데, 특히 17세기 미국 남부의 영국 식민지에서 그랬다. 예컨대 그들은 유럽에서 무료로 대서양을 횡단하는 대가로 5~10년의 노동 봉사 의무를 짊어진 부자유 노동자들이었다. 다른 노동자들은 해지 가능한 계약에 따라 임금이나 급여를 받았다. 이는 특히 감독관들에게 적용되었다. 플랜테이션에서 감독관의 수는 매우 많았는데, 무리로 조직된 노동력에 적용되는 가혹한 노동 규율을 확고히 하기 위해서였다. 노동자들은 극도로 착취되고 소모되었다. 플랜테이션 경제는 전형적으로 엄격한 계산적이고 합목적적인 노동조직과 결합되어 있었지만, 동시에 그 자체로 남획 가능성을 어느 정도 담고 있었다. 토지에서 잉여생산물을 얻을 수 있고 일할 수 있는 노예들을 저렴하게 확보할 수 있는 한, 플랜테이션은 초기 단계에서 지속 가능성을 전혀 염두에 두지 않았기 때문이다.

자본주의 역사의 시각에서 강조되는 것은 두 가지이다. 하나는, 플랜테이션 경제는 자본주의가 정착되어 가면서 생겨난 가장 중요한 원칙 — 이 경우는 자유 교환의 원칙과 상품 형태 — 을 노동조직에 일관되게 적용하지 않고도 수요와 투자, 노동력 채용과 운영을 통해 생산 영역을 근본적으로 변형시킬 수 있음을 모범적으로 보여주었다는 것이다. 왜냐하면 노예들은 사냥되어, 수송되고, 새로운 주인에게 판매되는 단계에서 인간으로서의 가치가 박탈되는 극단적 방식으로 상품화되었기 때문이다. 이 상품들은 노예 사냥꾼, 노예 상인, 플랜테이션 운영자 사이에서 교환되었다. 하지만 플랜테이션에서 노예 소유주와 노예 사이의 관계는, 형식적으로 동등한 시장 참여자들 사이에서 이뤄지는 임금과 노동력의 교환 관계와 달랐다. 그것은 소유자와 소유물 사이의 극단적인 불평등 관계였다. 분명히 자본주의는 — 적어도 한시적으로, 특정한 조건하에서 — 상이한 노동 체제와 결합할 수 있다. 이것은 오늘날까지도 유효하다. 근세 초 식민지 플랜테이션 경제에서 그 특정한 조건은 상대적으로 균질한 필수 상품에 기업들이 집중하는 것이었다. 이 필수 상품의 경작에는 아주 낮은 수준의 미숙련 노동이 필요할 뿐이었다. 아직까지 그다지 발달되지 못한 노동시장도 그 조건에 속했다. 아울러 자본가와 경영자 간의 차이, 노동력들 간의 차이도 그 조건의 일부였다. 그것은 매우 뚜렷이 문화적, 인종주의적 색채를 띤 차이였다.

노예경제의 효율성은 한계가 있었다. 소유주는 가능한 한 많은 실적을 얻으려 했지만, 노예들은 동기 결여로 은근히 저항하면서 이따금 의식적으로 실적을 낮추었다. "간혹 저항은 반항, 사보타주, 살해 시도, 봉기로 나타났다. 수적으로 소수인 백인들은 아프리카 인들이 다수라는 점을 고려하여 이 같은 저항을 본보기로 잔혹하게 처벌하였다."(라인하르트). 농업의 분화, 영업의 숙련화, 훗날의 산업화가 노예노동의 토대 위에서 지속될 수 있었으리라고는 생각되지 않는다. 그러나 플랜테이션 노예제는 19세기까지도 브라질(커피), 쿠바(설탕), 미국 남부 주들(목화) 외에도 많은 곳에서 수익이 매우 높았다. 노예고용은 흔히 주장되는 것처럼 경제적으로 열등해서 폐지된 것이 아니라, 1833년(영국)과 1888년(브라질) 사이에 정치적 압력 때문에 금지되었다. 그것은 종교적 · 인권적 참여와 그것에서 자양분을 얻은 개혁 운동의 결과였다.

그리고 다른 하나는, 노예제가 세계의 많은 지역에서 오래전부터 시행되었다는 것이다. 18세기에는 아프리카에도 아메리카만큼이나 많은 노예가 있었다. 그러나 노예제는 자본주의의 영향하에서 비교할 수 없을 정도로 규모가 커졌을 뿐만 아니라, 이 경제체제에 전형적인 가혹한 노동규율과 결합하여 특히 야만적으로 되었다. 수백 년에 걸쳐 지속된 노예제와 결합되지 않았다면 자본주의가 더 발전하지 못했을 것이라고 말할 수는 없다. 다만, 이후 세기의 산업화가 노예무역의 막대한 수익에 힘입어 성장했다고는 말할 수 있다. 따라서 서유럽 국가들에서 노예무역으로부터 그 밖의 무역 분야, 직물업, 조선업 및 여타 경제 분야로 나아간 상승효과는 부정할 수 없다. 그러나 자본주의가 피와 오물을 흘리며 세상에 태어났다는 말이 무엇을 의미하는지 이해하고자 한다면, 노예제 및 여타 부자유 노동 형태와 자본주의의 관계를 반드시 감안해야 한다. 게다가 자본주의 역사의 이 부분이 보여주는 것은, 자본주의 자체는 얼마든지 비인도적으로 활용될 수 있지만 그와 같은 비인도성은 법률적·정치적 제한과 조정으로 통제할 수 있다는 사실이다.[66]

4.
농업 자본주의,
광산, 원산업화

중세와 근세 초의 유럽 농업을 정체된 체계로 상상한 다면 그것은 완전히 오류일 것이다. 중세 전성기의 도시 확장 이후에 분업이 존재했고, 그와 더불어 도시와 농촌 간에 교역이 있었다. 하지만 교역은 대개 협소한 공간에 서 기초적 수준으로 이루어졌다. 농업은 수 세기 동안 심 각한 위기와 뚜렷한 호황 국면을 체험했다. 식품 가격은 지역에 따라 편차가 있었고 또 시간에 따라 오르내렸다. 그와 함께 농업 생산자의 생활 기회도 유사한 양상을 보 였다. 지역들 사이에, 대소 영지와 농장 사이에 불평등이 존재했다. 또한 상층에 속하는 주인, 자유농민, 하층에 속하는 빈농, 무토지 농민 사이에도 불평등이 뚜렷이 존재했다. 빈농과 무토지 농민은 여러 지역에서 농업 활동 인구의 다수를 이루었으며 대개 심하게 종속되었고 위태로웠다. 이 불평등으로 말미암아 수많은 갈등, 저항, 억압이 초래되었다. 토지는 상속되고 약탈되고 새로 분배되기만 한 것이 아니라, 시장 질서에 따라 거래되기도 했다. 그러나 지역에 따라 토지 거래 제한 규칙이 크게 달랐다. 몇 세기를 거치며 농산물 가공 방법이 개선되었다. 농업 생산성은 점진적으로 향상되었지만, 생산성이 하락하는 기간이 오래 지속되기도 했으며, 지역에 따라 큰 차이를 보이기도 했다. 농업 및 농촌 세계는 결코 성스럽지 않았으며, 고요한 상태에 있지도 않았다.

이 당시에는 대다수의 사람들이 농업에 종사하여 생활 수단을 획득했다. 농업은 물론 전통적으로 자본주의 영역이 아니었다. 또 당시에는 자급자족이 널리 퍼져 있었다. 사람이 소비하는 것은 대부분 가계, 농장, 영지에서 생산했으며, 따라서 소비자로서의 인간은 단지 보충적으로, 매우 주변적으로 시장에 편입되었다. 농촌·농업 영역에서는 관습을 향한 지향이 매우 뚜렷했지만, 혁신과 성장에 관련된 사유는 전혀 뚜렷하지 않았다. 거의 어디에서나 지배적이었던 촌락이라는 사회형태는 도처에 만연한 불평등에도 불구하고, 개인화와 경쟁 대신 공동체의 특성을, 익명성의 시장 관계 대신 인격적 교환을, 비판 대신 전통을 강화하였다.

유럽의 대부분 지역에서 자본주의 성장에 장애가 된 것은 무엇보다도 봉건제였다. 봉건제에서는 경제적 관계와 사회적 관계가 긴밀히 결합되었으며, 특권과 종속이 경제적으로만이 아니라 사회적, 정치적으로도 규정되었다. 그러므로 봉건제는 조정 메커니즘으로서의 시장 교환을 민감하게 제한하였다. 그것은 대지주, 농민, 농촌 하층 구성원 들의 경제적 사고와 실행 능력을 효과적으로 한정하였다. 변화는 새로운 상품과 서비스에서, 이익을 목표로 자본을 투자하고 축적하는 데에서, 경쟁과 성장을 지향하는 데에서 나올 수 있었지만, 봉건제는 이 같은 변화의 동력을 저지했다. 장원 영주 또는 지주와 "그의" 농민, 소작농, 머슴 사이에는 몇 단계에 걸친 특권과 종속의 체제가 존재했다. 그 체제는 주인에게 정치적 권리를 주었지만 동시에 배려의 의무도 부여하였는데, 이는 자본주의 체제 내 고용주의 권리와 의무를 훨씬 상회하는 것이었다. 그 체제는 주인을 위한 공납과 봉사를 (종종 부역 노동의 확장 형태로) 신민에게 의무로 부과했다. 신민은 자유농민과 달랐으며, 훗날의 농업 임노동자와도 달랐다. 그리고 그 체제는 경제주체를 토지에 묶어놓음으로써 그의 자유를 제한했다. 상위 소유권과 하위 소유권이 있었는데, 말하자면 동일한 필지筆地에 주인과 신민의 소유권이 중첩되어 있었다. 그 밖에도 모든 촌락 구성원들, 특히 빈곤한 촌락민들이 이용할 촌락 공동체 공유지Allmende, Gemeindeflur가 있었다. 이것은 보통 동일한 지역 안에 영주 또는 지주가 병합한 농장이 자유농민의 토지 그리고 군주 휘하에 있는 왕령지 농민의 토지 옆에 있었다. 체제는 복잡했고 지역에 따라 달랐다. 그 체제는 특히 서유럽에서는 토지 임대차 관계가 구비됨으로써 널리 금납화(봉사 대신 공납으로)되었고 좀 더 상업화될 수 있었다. 하지만 동유럽에서 그것은 구츠헤어샤프트Gutsherrschaft*라는 더 가혹한 형태로 이행할 수도 있었다. 여기서는 농장주가 자

---

* 15·16세기 이래 엘베 강 동쪽의 동부 독일에 형성된 대농장 제도 - 옮긴이

신의 농장을 운영하면서 신민들에게 부역을 요구했으며, 다른 한편 그의 신민들의 토지에 대한 구속이 강제적 성격을 띠면서 "농노제Leibeigenschaft"로 굳어졌다.[45]

그럼에도 불구하고 주목할 만한 것은 자본주의적 원칙에서 이탈했던 유럽의 농업 세계에 오랜 시간을 거치며 자본주의 요소들이 서서히 스며들었다는 사실이다. 이는 시종일관 상업, 특히 원거리 무역과 긴밀히 결합하면서 이루어졌다. 원거리 무역은 농업 생산자에게 판매 기회를 열어주었다. 생산자가 이 기회를 인식하면 그것은 생산관계를 변화시키는 자극이 되었다. 그러나 이는 대개의 경우, 자본주의의 농업 침투를 장려하거나 그 결과에서 농민을 보호하려는 국가의 간섭 조치(농민 보호 Bauernschutz)하에서 이루어졌다. 중동부 유럽과 동유럽의 농업 자본주의는 16세기 이래 관철되었으며 수출 지향적이었는데, 그것이 놀랄 만큼 지속되었다는 사실이 밝혀졌다. 독일의 엘베 강 동쪽 지역, 폴란드, 보헤미아, 헝가리, 발트 해 지역의 대농장주들은 이익을 가져다주는 서유럽으로의 수출을 위해 필수 상품, 특히 곡물을 생산했다. 하지만 그들은 내부적으로 그들의 농민과 여타 농장 신

노예 노동

민들을 더욱 토지에 구속시키고, "묶어놓았으며", 그럼으로써 자기 농장의 영역을 확대했고 부역 노동을 통해 착취 강도를 높였다. 이를 "2차 농노제"라고 한다. 그것은 부자유 노동과 비자본주의적 노동조직에 기초한 수출 지향적 농업 자본주의였다. 이 농업 자본주의는 노예노동에 기초하여 자본주의를 지향했던 플랜테이션 체제를 연상시킨다. 그것은 프로이센에서 거대한 사회적·정치적 영향력을 행사했으며, 19세기 초의 농민해방으로 "2차 농노제"의 법률적 토대가 제거되었을 때에도 변형된 형태로 존속했다.[46]

부자유 노동에 기초한 대기업적 농업 자본주의가 발전한 곳은 봉건적 전통이 강하고 도시화 정도가 약하며 지방 시장 관계가 그다지 발전하지 못한 지역이었다. 대농장주들은 쾨니히스베르크, 그단스크, 슈체친을 거쳐 서유럽으로 상품을 운송하던 원거리 무역상들과 계약을 체결했다. 반대로 자유를 강하게 제약받은 개개 농민들은 그들의 협소한 환경에서 거의 시장에 직접 접근하지 못했다. 게다가 자본주의식으로 경영하는 봉건지주의 무자비한 이익 정책에 제동을 걸 수 있을 만큼 강력한 주권이 결여되어 있었다.

네덜란드의 농업에서는 자본주의가 전혀 다른 방식으로 실현되었다. 네덜란드에서는 봉건적 전통이 취약했고 도시화 정도는 높았으며 농업 생산물의 수요는 뚜렷하였다. 돌이켜보면, 국내시장 관계의 조밀화에서 이미 중세 전성기에 시작된 지속적인 자본주의 생성 과정을 인식할 수 있었다. 때 이르게 조밀해진 농촌-도시 상업 관계는 농업 생산의 특화를 자극했다. 그 결과, 시장이 더욱 통합되었고, 잉여물이 생길 경우에는 원거리 무역 역시 증가했다. 토지는 매매되고 임대되었다. 또한 지역 자본시장이 발전했다. 시민들은 번창하는 농장에 상당한 자본을 투자함으로써 참여하였다. 이 농장들은 자본을 투자하고 축적했으며, 경작법의 개선에 관심을 두고 신상품을 개발하였다. 반면 소유권이 불안정한 대개의 여타 소규모 농장은 몰락하여 흡수되었다. 13세기 이후 농업 임노동이 발전했다. 16세기에 이미 (농업에서만이 아니라) 네덜란드에서 모든 노동의 3분의 1이 임금과 급여를 위한 자유노동의 형태로 조달되었다. 그래서 의심할 바 없이 양극화와 프롤레타리아화가 생겨나고 소득과 재산의 불평등이 커졌다. 1550년경 농업인구의 50퍼센트가 소토지만을 보유했거나 아예 토지를 갖지 못한 하층에 속했다. 그러나 특히 정부 측의 농민 보호는 농업 대기업의 형성에 장애가 되었다. 지역마다 농업 생산이 불균등하게 성장했으며, 동시에 네덜란드의 풍요로움도 지역에 따라 불균등했다.[47]

영국에서의 발전도 유사하게 진행되었다. 이는 취약한 봉건적 전통과 농업 생산의 때 이른 시장 통합을 가리키는데, 고부가가치의 특수 생산물이 아닌 양모 수출을 통해 이루어졌다. 생산성과 부의 측면에서 보자면 16, 17세기에 영국은 네덜란드를 느릿느릿 따라가고 있었지만, 한 가지 중요한 점에서 네덜란드를 앞섰다. 15~18세기에 영국 농업에서는 기업집중 현상이 점점 뚜렷이 나타났다. 이 현상은 몰락하여 흡수된 소규모 업체나 작은 땅뙈기를 대가로 한 것이었다. 여기서 울타리 치기(인클로저 enclosures) 형식으로 진행된 공유지의 사유화가 숱한 논란을 불러일으켰다. 공유지의 사유화, 소규모 사유지의 통합에 의한 경지 정리는 종종 의회의 도움을 받아 관철되었는데, 의회의 결정은 귀족 및 대부르주아 권력 엘리트의 영향을 받았으므로 농민 보호에 이용되지 못한 채 대기업적 농업 자본주의의 형성을 촉진하였다. 그 결과는 임노동의 대량 확산과 노동력의 "방출"이었다. 이 노동력은 도시로 흘러들어가 훗날 산업화에 이용되었다. 16~18세기 영국에서 대기업적 농업 자본주의는 재산 집중, 임대차 관계, 자유 임노동에 기초하여 완전하게 형성되었다. 이 구조 변경은 분명히 농촌에서의 사회적 불평등을 심화시켰다. 동시에 그것은 경영 방법의 근본적 개선과 결부되었다. 급속한 인구 증가와도 관계된 농산물 가격의 상승은 토지 소유자 및 임차인들을 자극하여 투자로 이끌었다. 그들은 아울러 토지 개간과 추가 구입, 배수 조치, 도로 건설에도 관심을 보였다. 목초지 농장뿐만 아니라 체계적 목축도 중요해졌고, 윤작 농업이 완전히 실현되었다. 이제 전통적인 농민의 자기 절제를 대신하여 토지 소유자와 임차인의 수익 지향과 혁신 노력이 우세해졌다. 반면 많은 임노동자들은 더 높은 임금을 위해 더 많은 실적을 올릴 준비가 되어 있었다. 이를 "농업혁명Agrarrevolution"이라고 부른다. 국내 수요의 상승에도 불구하고 1650년경 영국은 농업 수출국이 되었다. 주목할 만한 사실은 "다른 유럽 국가들이 추격하기 시작한 19세기 중반에도 영국 농업의 생산성이 프랑스보다 절반가량 높았으며, 독일, 스웨덴, 러시아의 유럽 지역보다 두 배 정도 높았다는 점이다. 노동자 1인당 칼로리로 측정하자면 생산성은 프랑스보다 두 배, 다른 세 지역보다 세 배가량 높았다."[48]

영업 역시 유럽에서는 전통적인 자본주의와 무관하게 시작되었다. 영업은 자가 소비를 위한 가계경제의 틀에서 (가령 옷감과 의복 생산), 그리고 주업인 농업의 부수적인 일로 (그런 한에서는 북유럽, 동유럽, 남동 유럽에서), 간혹 의뢰인의 집에서 일당을 받고 일하는 형태(날품팔이) 등으로 일부 시작되었으나 무엇보다 독립적으로 일하는 수공업으로서 시작되었다. 수공업 업체에서 상품은 판매를

위해 생산되었지만, 그것은 원칙적으로 의뢰인의 주문이
나 재고량에 맞추는 것이었다. 이것은 상품을 인근 시장
에서 팔거나 자신의 잡화점에서 팔기 위해서였지 상인이
매개하는 비인격적 시장에서의 순환을 위한 것은 아니었
다. 수공업에서는 노동하는 사람과 소유하는 사람이 같
았다. 이것이 의미하는 바는, 소유자 스스로 자신의 손으
로 노동하며 경우에 따라 몇 안 되는 조수(직인과 도제)의
도움을 받지만, 기업가이자 고용주로서 많은 피고용자들
의 도움을 받지는 않았다는 것이다. 수공업은 관습적으
로 동업조합의 규제를 받았는데, 이는 수공업자가 자신의
직종을 관할하는 동업조합에 소속되었으며 집단적으로
확정된 조합의 규칙을 준수해야 했음을 뜻한다. 조합 규
칙은 형제적 평등의 원칙과 집단적 독점 의식에 기초했
지만 경쟁의 원칙에 근거하지는 않았다. 그것이 목표로
한 것은 모든 조합 구성원의 신분에 걸맞은 충분한 식량
의 확보였지 최대의 수익이 아니었다. 규칙은 "부자가 빈
자를 타락시키기 않도록" 주의를 기울이는 것이었다. 규
칙은 허가된 작업 관례를 상세히 표준화하여 각 부문의
수공업체가 도달할 수 있는 범위의 상한선을 정하는 것

이었다. 이 때문에 규칙은 혁신을 어렵게 했고 축적에 방해가 되었다. 이런 규칙을 가진 동업조합이 존재하지 않았던 곳에서도 충분한 식량, 정당한 소득, 도덕 경제의 관념이 중세와 근세 초의 영업에서 — 그리고 이와 함께 서민 문화에서 — 널리 확산되었다.

보다 정확히 말하자면, 영업은 오랫동안 수공업의 외부에 있었다. 예를들어, 그것은 일찍부터 대기업이었던 광산업 안에, 대규모 공방이나 중앙화된 매뉴팩처 Manufacture 안에 있었다. 위에서 말한 수공업의 구조적 특징은 때때로 완전하게 구현되지 않았다. 그리하여 몇몇 수공업 분야, 특히 직물 분야가 초지역적 교역, 특히 수출 사업에 일찍 편입되었다. 더 양호한 상태의 도시 수공업자들은 존경받는 중산층으로 간주되었지만, 다수의 소규모 수공업자들은 산업화 이전 시기의 수많은 도시 빈민이나 농촌 빈민에 속했다. 조합의 규칙은 대개 도시에서만 유효했으며 농촌에서는 그렇지 못했다. 규칙은 종종 깨지거나 관계 당국의 개입으로 유예되었다. 그 특성과 내용은 지방에 따라 달랐다. 규칙은 유럽 대륙의 중부보다 서부에서 먼저 사라졌다. 하지만 근본적으로 유럽

의 수공업은 그 구조와 문화 때문에 자본주의와는 분명히 원칙적으로 구별되었다.[49]

이 같은 상황은 상인 자본주의가 영업에 침투함으로써 변했다. 기술혁신과 관련된 자본 수요가 증대하자 전통적으로 독립적이며 대개 생산조합으로 조직된 광산 동업조합("Gewerken")의 운영자들은 상인으로 변화했다. 이들은 기꺼이 재정적으로 참여할 준비가 되어 있었지만, 이 재정적 참여를 판매 조직과 결합해서 점점 더 광산 업체 자체에 개입하였다 16세기 푸거가의 역사에서 배울 수 있듯이, 가령 알프스 산맥, 카르파티아 산맥, 에르츠 산맥, 하르츠 산지에서의 기업적 광산 참여는 고지 독일 상업자본가들이 부를 쌓고 팽창하는 데에 중요한 디딤돌이 되었다. 이때 예전에는 독립적이었던 동업조합원들이 점차 임금에 종속된 광부가 되었다.[50]

그러나 자본주의가 영업 세계로 침투하는 가장 중요한 통로는 "원산업적" 가내공업과 가내노동의 영역이었다.[51] 여기서 핵심적인 관건은 긴장으로 가득 찬 공생이었다. 공생의 한편에는 농촌에서, 종종 가족 연합체 안에서 이뤄졌던 수공업적 작업이라는 관습적 형태가 있었고, 다른 한편에는 도시 상인자본, 초지방적 시장 지향성, 자본주의 동력이 있었다. 이들이 결합되면서 참가한 상인들은 (부분적으로) 선대제 상인이 되었다. 즉 탈중심적 상태의 생산에 영향을 미치는 상업 기업인이 된 것이다. 반대로 직접생산자인 수공업자, 가내공업인, 가내노동자들은 어느 정도 독립성이 있었지만, 실제로는 여러 형태로 자본 측에 종속되었으며 신분상으로 임노동자에 가까워졌다.

원산업은 작게는 도시 수공업에서 생겨났다. 새로운 기회를 인지한 졸링겐Solingen의 고숙련 금속 세공업자나 판매에 어려움을 겪었던 릴Lille의 옷감 제조업자들이 17세기에 그랬던 것처럼, 도시 수공업자들이 수출을 위해 생산하기 시작했을 때 초기 산업이 생겨났다. 이때 상인뿐만 아니라 기존의 수공업자도 간혹 선대제 상인으로 기능했으며, 동업조합의 전통이 오랫동안 존속하였다. 하지만 원산업은 크게는 도시 주변 환경, 즉 농촌에서 생겨났다. 농촌에서는 선대제 상인이 된 상인과 여타 중개인들이 소농과 하위 농민층의 불완전고용과 노동 준비 상태를 이용했고, 또 그와 결합된 저임금 비용과 동업조합 규칙의 부재를 이용했으며, 원자재의 선대, 주문의 위임, 생산물의 인수를 통해 초지방적 시장을 위한 "농촌 산업"
을 낳았다. 이 농촌 산업은 여타의 농촌 경제 양식 및 생
활양식에 밀착하여 이들을 보완하고 장기적으로 변화시
켰다. 유럽의 16~18세기에 이런 유형의 원산업은 일부
에서 이미 있었고, 다른 곳에는 더 늦게 확대되었다. 무
엇보다도 수확이 그다지 풍부하지 않았던 농촌 지역에
서 확대되었는데, 독일의 사례를 보면, 그곳은 리젠 산맥
Riesengebirge*과 에르츠 산맥, 슈바벤 알프스 산맥die Schwäbische
Alb, 베스트팔렌Westfalen의 산골 지대, 튀링겐Thüringen의 삼림
지대와 같은 곳이며, 니더라인Niederrhein 및 보헤미아Böhmen,
작센Sachsen에서는 매우 일찍부터 확대되었다. 영국에서는
농업에만 이용되던 북부와 서부 지역에서 직물업, 금속품
제조업, 분산된 광산업의 중심지가 발전하였다. 주목할
만한 사실은, 17세기에 남부 네덜란드, 훗날의 벨기에에서
도시 영업이 쇠락하기 시작한 반면, 촌락에서는 선대제 상
인의 주문에 따라 옷감, 레이스, 무기의 생산이 확대되었
다는 것이다. 선대제 상인들은 종종 주문 상품을 위한 원

---

* 거대한 산맥이라는 뜻. 체코 북부와 폴란드 남서부에 위치한 산맥 – 옮긴이

자재뿐만 아니라 견본까지 제공했다. 프랑스의 공업 생산은 18세기에 현저히 성장하였다. 연평균 1~2퍼센트 정도의 성장이 주로 농촌 지역의 원산업에 기초하여 이루어졌다. 중동부 유럽에는 많은 사례가 있지만, 알프스와 피레네 산맥 이남에는 눈에 띄는 사례가 별로 없다.

지방적 생산과 초지방적 자본주의의 결합 형태는 다양했다. 그 범위는 구매 체제(상인이 지방 수공업자의 생산품을 인수하여 판매하는 데 그치는 것, 예컨대 빌레펠트Bielefeld의 아마포업에서처럼)에서 선대제 상인이 원자재를 제공하고 원거리 판매를 조정하는 단순 선대(수 세기에 걸쳐 북이탈리아, 바젤Basel, 안트베르펜, 리옹Lyon, 크레펠트Krefeld*, 베를린의 비단 산업에서 그랬던 것처럼)를 거쳐 중앙화된 매뉴팩처 업체의 선대에까지 달했다. 아우크스부르크에 본사를 둔 "칼프 의복 상사Calver Zeughandlungscompanie"는 무명 및 무명 수건 생산의 모든 단계를 취급하기 위해 약 5,000명의 방적공, 방직공 및 여타 직물 수공업자를 탈중앙적으로 고용했으나, 염색 · 표백 · 날염 작업을 위해 그중 168명을 중

---

* 독일 노르트라인-베스트팔렌 주의 도시 – 옮긴이

앙화된 공방(매뉴팩처)에서 직접 감독하였다.

원산업 체제는 대체로 아직까지 전前 자본주의적인 세계 안에서 자본주의의 일부를 구현했다. 그것은 많은 면에서 여전히 매우 전통적이었다. 거론할 만한 기술적 진보는 생겨나지 않았다. 노동은 관습적 기술과 함께, 특히 가정의 맥락 안에서 매우 빈번히 모든 가족 구성원이 참여한 가운데, 때로는 계절에 따른 부업으로서, 전 자본주의의 논리를 따라서 수행되었다. 이를 보여주는 것은, 가내노동자들이 불경기와 가격이 낮은 시기에는 경제적 어려움에서 벗어나기 위해 장시간 작업했지만, 호경기에는 생산품에 높은 가격을 받을 수 있더라도 작업 실적을 낮추었다는 사실이다. 이는 가족의 존속이 적은 비용으로도 보장되었기 때문이다. 체제가 확장되면서 생산자의 감독과 생산공정의 조율은 더 어려워졌고, 체제에 의해 규정되는 혁신과 성장의 한계가 뚜렷이 대두되었다. 스스로 구동해나가며 성장하는 새로운 생산의 특성으로는 아직 이행하지 못하고 있었다. 원산업에서 실제적인 산업화로의 단절 없는 이행은 예외였다.

다른 한편, 원산업 체제는 생산관계를 뒤엎고 미래

를 제시했다. 그것은 수백만 명에게 생존 가능성을 열어주었으며 인구 증가를 촉진하였다. 가내노동자의 운명은 시장과 시장의 동요에 종속되었다. 생활양식이 변화되고 근대화되었다. 말하자면 성 평등이 신장되고, 설탕, 차, 담배와 같은 식민지 상품의 새로운 소비와 새로운 유행(호밀빵 대신 흰 빵, 담배 파이프, 회중시계, 커튼)에 참여함으로써 그렇게 되었던 것이다. 시장 및 소비와 관계되었지만 탈중심화되었으며 가계와 긴밀한 이 영업 세계 안에서 규율적이며 목적 지향적인, 어떤 면에서는 합리적인 노동에 대한 교육이 일어났다. 이를 경제사학자 얀 더 프리스Jan de Vries는 "근면 혁명industrious revolution"이라고 분석했다. 그것은 18세기 말 이래 산업화를 위한 근세 초의 예선전으로 이해될 수 있다. 마지막으로 원산업적 직물업의 결과와 애로점도 있었다. 이 애로점을 산업혁명의 위대한 발명품들 — 하그리브스Hargreaves의 제니 방적기 Spinning Jenny(1764), 아크라이트Arkwright의 수직기(1769), 크럼턴Crompton의 뮬Mule 방적기(1779) — 이 해소해주었고, 이는 공장제 공업의 성장과 본연의 산업화에 길을 터주었다. 원산업화 그 자체가 19, 20세기의 산업자본주의로 이어지지는 않았다. 그러나 그 발전은 이미 플랜테이션 경제, 광산업, 농업에서 나타났던 것 즉 자본주의가 산업혁명 훨씬 이전에 생산의 세계도 심층적으로 변화시켰다는 것을 증명한다. 자본주의 역사의 시각에서 보자면, 관찰 가능한 변동의 장기성, 그 장기 지속longue durée이 깊은 인상을 준다.[52]

5.
자본주의, 문화, 계몽주의.
이 맥락 속의 애덤 스미스

상업, 금융업, 농업, 영업에서 자본주의가 관철되는 단초는 모든 유럽 국가에서 나타났다. 그러나 이 발전은 단지 네덜란드 — 우선은 스페인의 지배에서 독립하기 위해 투쟁하던 지방들에서, 1579/1648년 이래로는 독립 공화국 북부에서 — 와 영국 — 1688/89년 이후 의회 군주정이었으며, 1707년 스코틀랜드의 편입 이후에는 대영제국 — 에서만 자본주의가 지배적인 관리 원칙이 되었다. 중요한 차이가 있기는 하지만 네덜란드와 영국에서는 이미 17, 18세기에 자본주의 경제 양식이 완전히 발전했으며 사회·문화적으로 영향력을 행사했다.[53] 네덜란드는 일찍이 자본주의 경제 양식을 발전시켜, 17세기에는 유럽의 모든 근대화 주창자들을 위한 유일한 모델이었지만, 18세기에는 영국에 추월당했다. 영국은 근대화를 위해 우월한 군사력을 투입했고, 그 외에 미래에도 지속될 기본 모델을 발전시켰다. 네덜란드 인들은 상업 및 금융 자본주의 영역에서의 특별한 강점과 수출 및 국제 금융업에 경도되어 있었다. 하지만 영국인들은 그에 더해 영업에서 자본주의를 발전시켰으며 국내 수요에서도 영업의 성장을 네덜란드 인들보다 강하게 뒷받침하였다. 양국 모두 농업 자본주의를 발전시켰지만, 그 구조는 서로 달랐다. 대륙의 나머지 대부분에 대한 양국의 우위는 진전된 도시화에서도 나타났다.[54] 이 북서 유럽의 우위를 설명해주는 요소들 중 세 가지가 가장 중요하다. 게다가 이 세 요소는 서로 연결되어 있으며, 마찬가지로 양국의 지리적 주변부 상태 또는 섬나라로서의 위치와도 관계가 있다. 첫째 요소는 이미 중세 이래 원거리 무역의 큰 비중(특히 네덜란드의 경우)이며, 둘째는 봉건제의 전통적 취약함(영국에서는 1066년 정복 이후 지배의 역사와 관계된, 네덜란드에서는 왕조의 역사와 관계된), 셋째는 16세기 이래

유럽의 세계 식민화에서 양국이 맡은 부정할 수 없는 지도적 역할이다.

하지만 북서 유럽의 자본주의사적 우위를 설명하려면 사회적, 문화적 특성을 참조하지 않으면 안 된다. 영국과 관련해서는 몇 가지 언급으로 충분하다. 우선, 일상사적으로는 16, 17세기 사업과 사교의 상호 촉진 관계를 간과할 수 없다. 그 관계는 예컨대 런던의 왕립 상품거래소 건물 위에 증축된 아케이드에서 나타났다. 이곳에는 식민지 상품이나 상업용 문헌 그리고 광고지 들이 진열되었고, 보험사나 공증인들이 서비스를 제공했으며, 편집인들이 출석했고, 커피하우스 — 1700년 무렵 런던에는 400~500개의 커피하우스coffee house가 있었다. — 가 정보, 음식, 오락을 제공했다. 돈을 빌리고 신용을 제공하는 것은 사회적 경계를 넘어 일상적으로 널리 확대되었고, 넓은 인구층에서의 소비 확대와 관계가 있었다. 이미 18세기에 "소비자 혁명consumer revolution"이라는 말이 회자되었다. 17세기 이후 단체와 클럽이 사교, 노동쟁의의 준비, 상호 보증, 토론과 놀이 등을 위해 우후죽순으로 결성되었다. 더 정확히 살펴보면, 물론 시장 관계는 경쟁이나 개인적 이익 취득과도 관계가 있지만, 신뢰를 끌어내고 사회화를 촉진할 수도 있다는 점을 이해할 수 있다.

그다음 지적할 것은, 특히 도시인구 사이에서 독서 역량이 증대한 점과 온갖 종류의 신문, 서적, 목록이 더 많이 보급된 점이다. 아울러 소규모 서클 안에서 벌어진 일이기는 했지만 학술적 혁신도 이런 방식으로 (아울러 유관 행사와 단체에서 학자들과 실천가들의 만남을 거쳐) 공개화되었다. 유용한 지식은 높이 평가되었으며, 전문 브로커들이 그 지식을 유포함으로써 소득을 올렸다.

대륙에서 온 방문자들의 눈에는 영국인의 오락욕과 도박욕, 또 새로운 것에 대한 열망이 보였다. 18세기에 도박과 스포츠는 상업적으로 운영되었고, 경쟁 욕구는 개연성에 대한 냉정한 계산 성향과 결합되었다. 이 같은 결합은 경마, 크리켓 시합, 투계, 복권이나 증권거래소 등 다양한 기회에 이루어졌다. 문화 및 오락 산업이 융성했다. 주목할 것은, 위대한 계몽주의자들이 게임, 투기, 오락에 대해 긍정적으로 언급했다는 사실이다. 말하자면, 게임, 투기, 오락이 시민사회와 그 미덕을 촉진하는 전제라는 것이다. 영국은 금권정치 사회가 아니었다. 돈에 대한 어느 정도의 경멸은 궁정이나 상류층의 서클에서 귀족적 색채를 띠며 드러났다. 계급 차이는 뚜렷했으며 더 강화되었다. 한편에 커피하우스가 있었다면, 다른 편에는 브랜디 하우스brandy house가 있었다. 신사들의 클럽은 폐쇄적이었지만, 노동자들은 우애조합friendly societies을 발전시켰다. 농촌의 서민 문화는, 이미 시장 관계의 영향을 받기는 했지만, 이익과 진보보다는 오히려 "공정함"이라는 전승된 관습과 관념을 지향했다. 그러나 앞의 사례들이 보여주는 것은 17, 18세기 영국 도시의 사회 문화는 정착되고 있던 자본주의 경제원칙에 어느 정도 조응했으며, 자본주의 원칙의 사회적 관철을 용이하게 했고, 반대로 그 원칙에 따라 형성되기도 했다는 사실이다.[55]

　자본주의가 경제적으로만이 아니라 철학적, 도덕적으로도 높게 평가되는 길을 닦은 것은 18세기의 영향력 있는 지식인들이었다. 그들은 자본주의라는 단어는 사용하지 않고, "무역", "상업 사회" 같은 표현을 썼다. 16, 17세기까지 유럽의 신학 · 철학 · 국가론에서는 자본주의에 회의적인 견해가 지배적이었으며, 심지어 자본주의에 적대적인 견해도 있었다. 이 같은 회의는 예컨대 아리스토

텔레스의 사상을 빌린 르네상스의 공화주의적 인문주의에서 강화되어, 공공복지의 미덕을 지킨다는 명분으로 표현되었다. 공공복지는 사리사욕, 사유재산, 부패에 반대되는 것이었다. 자본주의에 대한 가장 큰 회의는 기독교 교리에서 나왔다. 기독교 교리는 이웃을 향한 형제애와 고결한 이타성의 이름으로, 자신이 거둔 이익의 이용·부의 축적·무엇보다도 수익을 낳는 모든 금전 사업을 거부하였다. 종교개혁과 반종교개혁은, "신앙의 세계 지속성"(실링Schilling)을 강조하여 노동과 천직이 높이 평가되는데 기여했던 "근세적 종교성"을 부각시켰다. 막스 베버는 프로테스탄트적, 칼뱅적 윤리를 통한 자본주의 정신의 장려를 강조했는데, 특히 소수 종파(메노파, 퀘이커교)에는 그 주장에 들어맞는 기업가들이 있었다.[56]

하지만 자본주의가 획기적으로 높이 평가되기 시작한 것은 계몽주의 정신이 출현하면서부터이다. 당시의 파괴적인 전쟁이 남긴 인상 아래에서 그로티우스Grotius, 홉스Hobbes, 로크Locke, 스피노자Spinoza 같은 저자들이 시민사회적 미덕을 새롭게 규정하기 위해 노력했다. 그것은 인권, 자유, 평화, 복지의 이름으로 세속화된 방향으로 나아가는 미덕이어야 했다. 구 유럽의 주류에서 확실히 벗어나면서 1748년 몽테스키외Montesquieu는 상업이 야만을 극복하고 침략을 완화하며 윤리를 정련하는 데 기여하는 시민화의 힘이라고 찬양했다. 그는 이를 "부드러운 상업doux commerce"이라고 일컬었다. 여러 저자들이 같은 목소리를 내었다. 그중에는 버나드 맨더빌Bernard de Mandeville, 데이비드 흄David Hume, 콩도르세Condorcet, 토마스 페인Thomas Paine 등이 있었는데, 이들은 특히 영국인, 프랑스 인, 네덜란드 인이었다. 그들의 논지에 따르면, 일반인들의 복지는 바로 자신의 이익을 이성적으로 추구함으로써 촉진된다. 한 사람의 이익이 반드시 다른 사람의 손해가 되는 것은 아니다. 사업과 도덕은 필연적으로 대립하는 것이 아니다. 이해관계를 대두시켜 전쟁을 대체하는 데에 시장은 도움이 될 것이다. 그것은 근면과 인내, 성실과 규율 같은 미덕을 장려할 것이다. 전체적으로 새로운 자본주의적 경향에 대한 원칙적 긍정이 선명히 드러났다. 그들이 기대하기에, 자본주의적 경향은 복지를 증대시킬 뿐만 아니라 인간적 공동생활의 더 나은 질서를 창출하는 데 기여할 것이다. 자의적인 국가 간섭 없이, 개인의 자유와

애덤 스미스

책임을 존중하면서, 전쟁 대신 협상을 통해 갈등을 해결할 능력을 가지고서 말이다.[57]

한편으로는 현실주의적이고 다른 편으로는 유토피아적인 이 시각을 1776년 스코틀랜드 계몽주의자 애덤 스미스Adam Smith가 저서 《국부론》에서 체계적으로 제시했다. 스미스는 자본주의 경제의 중심 요소들, 즉 분업, 상업, 자본형성, 수요와 공급, 가격 메커니즘, — 가장 중심적인 것인데 — 장기적 유용성의 견지에서 단기적 보상을 포기하는 능력 등을 명철히 분석했다. 하지만 이것이 그가 보여준 것의 전부는 아니다. 스미스는 노예제, 농노제, 관습적 가내 봉사에서 나타난 억압적인 인격적 종속을 거부했다. 이와 달리 그는 교환 과정(임금과 노동력을 교환하는 경우에도)과 함께 나아가는 자유로운 실행 능력을 찬양했다. 개개 시장 참여자의 자기 이익과 결정을 아무리 존중했다고 하더라도, 그는 결코 "자유방임주의laissez-faire"를 일방적으로 표방하지 않았다. 도리어 그는 국가와 시민 사회에도 중요한 기능을 할애했는데, 그것이 없다면 시장 경제는 제대로 작동하기 어려울 것이다. 아울러 그는 경제적 인간homo oeconomicus이라는 인간 형상의 일차원적 묘사로부터도 거리를 두었다. 그는 인간의 자기 이익이 신뢰할 만한 행위의 토대라고 믿었다. 그러나 그는 경제학자일 뿐만 아니라 도덕철학자이기도 했다. 그는 개인의 자기애를 억누르지 말고, 일반 복지의 촉진에 기여할 수 있는 방향을 부여하자고 주장했다. 이는 물론 시장에(만) 맡길 수 없는 것이다. 이를 위해서는 도리어 공공 도덕과 사려 깊게 마련된 제도들, 특히 정부·사회·시장 간의 관계를 적절히 조정해줄 제도가 필요하다. 스미스는 자기 시대 영국의 경제정책, 특히 여전히 중상주의적이며 독점에 의존하는 대외 경제정책을 자주 비판했다. 그가 기술한 "상업 사회"는 미래에 도달해야할 목표였다. 그는 개혁가였다. 그러나 그의 견해는 이 장에서 자본주의, 특히 영국에서 자본주의의 확대와 성장으로서 기술된 대개의 경향과 일치한다.[58]

애덤 스미스와 여타 18세기 계몽주의자들이 정착되어 가던 자본주의를 부드러운 상업으로, 사회적 진보의 기회로 해석했기 때문에 자본주의의 몇 가지 약점은 퇴색되거나 미처 충분히 개혁되지 않은 제도 탓으로 돌아갔다. 그래서 유럽 외부 세계에서의 폭력과 사업 간의 관계도 중상주의의 탓으로 돌아갔다. 그 해석은 공유지의 사유화 및 그와 결합된 일부 농촌인구의 생존 근거 상실에서와 같이, 자본주의가 관철되는 데 중요한 역할을 했던 강제라는 요소를 간과했다. 비록 생활수준이 전체적으로 상승하기는 했지만, 그 시대에 자본주의가 계속 견실하게 관철된 곳에서는 이미 사회적 불평등이 증가했다. 스미스가 기술한, 성장하는 복지의 과실은 매우 불평등하게 분배되었다.[59] 스미스는 그 사실을 알고 있었지만, 그 실태에 주목하지는 않았다.

다른 한편 애덤 스미스는 인상적인 경제체제 구상안을

제시했다. 그것은 이성적인 개인들로 구성된 사회에 적합한 구상이었으며, 콩도르세와 여타 계몽주의자들의 눈앞에 아른거리기도 했던 것이다. 스미스는 개인들 스스로가 자기 이익에 관해 가장 잘 판단할 수 있다고 확신했다. 그는 국가가 지시하는 전체적 계획이 없어도 이성적 질서가 존재할 수 있다고 믿었다. 스미스는 이전 세기들의 경험에 근거하여 통치자들의 지혜와 전통의 현명함을 신뢰하지 않았다. 스미스가 그의 저작에서 주장한 것은 경험적 판단을 통해서도 입증된다. 즉, 자본주의는 대중이 거부함에도 불구하고 소수 엘리트가 강제적으로 주었던 것은 아니다. 자본주의는 낡은 불평등에 대한 실천적 비판으로서, 성공적 노력에 대한 공정한 보상의 약속으로서, 복지의 생산자로서, 또 자유와 결합함으로써 상인과 기업가, 지식인, 또한 어쩌면 다수의 "평범한 사람들"에게도 매력적이었을 것이다.

돌이켜보면, 이 견해는 근거가 없지 않다. 네덜란드와 영국은 18세기 말에 "상업 사회"라는 스미스의 이상에 가깝던, 또는 이 글에서 선택된 용어로 말하자면 유럽의 다른 모든 나라보다 자본주의적이었던 나라였다. 동시에 영국과 네덜란드는 유럽에서 가장 부유하면서도 가장 자유로운 나라였다. 자본주의가 관철되는 길에서 사회적 불평등도 커졌지만, 그와 함께 얻은 복지 수익은 노동자의 소득수준을 보장할 수 있을 만큼 충분히 컸다. 1500년~1800년에 런던과 암스테르담에서는 노동자의 소득이 명목상으로 증가했지만 실질적으로는 어느 수준에서 정체되었다. 반면 대륙, 예컨대 빈과 피렌체에서 그것은 명목상 어느 정도 수준에서 정체되었고 실질적으로는 하락했다. 1800년까지 유럽 북서 주변부(특히 영국)와 대부분의 대륙 지역 사이에 복지 수준의 차이가 동서로 뚜렷이 나타났지만, 그것은 1500년 무렵에는 거의 없던 현상이었다.[60] 이는 엘리트들에 대해서뿐만 아니라 폭넓은 다수 인구에 대해서도 많은 것을 의미한다. 중부 유럽에서는 "기아机餓가 만연했던" 1840년대까지 식량 공급 위기("사회적 빈곤Pauperismus")의 파괴력이 증가했지만, 영국은 이 위기를 겪지 않았거나 훨씬 축소된 형태로 겪었다. 영국에서는 이미 1800년경 맬서스적 위기 — 19세기 초에 경제학자 토머스 맬서스Thomas Malthus는, 인구정책으로 저지하지 않으면 인구는 활용할 수 있는 식량 여유분보다 빠르게 증가할 것이라고 예견했다. — 를 극복하는 데 성공했다. 대부분의 유럽 지역에서 이 같은 극복은 수십 년이 지난 뒤 산업화 덕분에 가능했다. 그것은 수십만 명의 생존이 걸린 문제였다.

최근 몇 년간 경제사학자 케네스 포메란츠^{Kenneth Pomeranz}가 "대분기^{Great Divergence}"라는 말로 도전적으로 제시한 주제와 연결되어 집중적으로 논의된 것이 있다. 계속 새롭게 자가 구동하며 가속화된 경제사적 돌파가 왜 비슷한 수준으로 발전했던 중국 동부 지역이 아닌, 서부 유럽에서 달성되었는가 하는 질문이 그것이다. 그 논쟁이 "자본주의"를 고려하여 이루어진 것은 아니었고, 이 책의 목적도 그 논쟁에 기여하는 것이 아니다. 하지만 이에 대해 세 가지 입장을 제시할 수 있을 것이다. (1) 생산성의 차이와 성장의 차이에 관한 해명이 일차적으로 중요하기는 하지만, 설명 요소 중 경제 · 사회 · 국가 · 문화 간의 관계를 반드시 비교하며 염두에 두어야 한다. 복잡한 현실이 필요로 하는 것은 순수한 경제사를 넘어서는 시각이며, 여기서 자본주의 개념이 도움이 될 것이다. (2) 유럽 내부를 비교해보면 18세기 말에 영국이, 그리고 영국

만큼은 아니지만 네덜란드가 차지했던 우위가 수 세기에 걸친 장기적 과정의 결과였음이 드러난다. 유럽과 중국의 차이를 설명하기 위해서라도 긴 시간의 연장 속에서 완만히 이뤄지는 변화에 주목해야 한다. (3) 마지막으로 국가 정부, 식민화, 원산업화의 능동적 역할이 대단히 중요하다. 중국에는 이 세 가지 요소가 없었거나 아주 다른 형태로 나타났다.[61] 현재의 인식 수준에서 생각하면 상인 자본주의를 초월한 형태의, 체계 형성력을 갖춘 자본주의가 1800년 무렵 유럽의 현상이었으며, 그것이 완전히 발현되어 존재한 곳은 북서 유럽뿐이었다는 것이 명백하다. 그것이 아무리 전 세계적 연계에 의해 가능했고, 또한 그에 의해 규정되었다고 해도 말이다.

IV.
자본주의 시대

계몽주의 시기의 낙관적 진보주의가 지속되기 어려웠던 만큼이나, 자본주의를 문명적 사명의 핵심으로 바라보는 해석 역시 존속하기 어려웠다. 18세기의 전前 산업 자본주의의 토양에서 생겨난 이 해석은 산업 자본주의가 성장함에 따라 유효성을 상실했다. 20세기 초에 좀바르트와 베버 같은 지식인들은 자본주의의 우월한 경제적 합리성을 확신한 듯 보였지만, 그것을 도덕적 성장과 문명적 진보의 원동력으로 보지는 않았다. 그와 반대로 베버 같은 자유주의자는 자본주의 체제의 증가하는 강제성과 비인간화를 두려워했다. 그것이 자유, 자발성, 완전한 인간성을 위협할 수도 있다고 보았기 때문이다. 보수주의자와 좌파는 자본주의를 막을 수 없는 사회적 침식력이라 보고 두려워했다. 그 힘이 계약을 통해 관습적 윤리를, 사회를 통해 공동체를, 시장 계산을 통해 사회적 결속을 대체하기 때문이었다. 사회주의적 비판은 자본주의 내의 착취, 소외, 부정을 비난하고, 내적 모순에 기인한 자본주의의 붕괴를 예견했다. 오늘날 자본주의를 바라보는 태도는 냉정한 수용과 날카로운 비판 사이를 오가고 있다. 많은 사람들이 자본주의는 미래의 도전을 충족하기에 적절치 못하다고 간주한다. 여하간 유럽에서는 유토피아로서의 자본주의 이념이 효력을 다한 듯 보인다. 이 격변을 이해하고, 판단하는 시각을 준비하는 것이 이번 장의 목표다.

1.
산업화와 지구화:
1800년 이후의 윤곽

앞선 수백 년의 발전은 1800년에서 2000년 사이에도 부분적으로 계속되었다. 봉건 질서가 점차 해체됨에 따라서 ─ 19세기에 유럽 대륙 거의 전역에서 해체되었다. ─ 농업 자본주의는 새로운 지역으로 확대되었다. 20세기에 농업 자본주의는 지구적 "농업 사업Agrobusiness"으로 격상되었다. 19세기와 20세기에는 도시화의 증가, 교통, 운송, 통신 혁명와 함께 상업자본주의의 비중이 거대해졌다. 특히 20세기에 역동적으로 발전한 대량 소비가 상업자본주의에 새로운 고수익의 차원을 열어주었다. 그것은 백화점과 할인점을 넘어 현대의 거대 소매 콘체른에 달하는, 다수 사람들의 삶을 변화시키는 차원이었다. 이미 18세기에 자리 잡은 금융자본주의는 가장 중요한 기구인 은행, 증권거래소, 보험회사, 후에는 투자회사 및 투자 기금과 함께 확장되며 분화되고 있다. 이 금융자본주의 없이 이루어질 수 있는 일은 많지 않았다. 20세기 말과 21세기 초에 금융자본주의는 이례적인 확장을 경험했다. 추정컨대 그 확장이 없었다면 2008년의 국제금융 및 경제 위기를 피할 수 있었을지도 모른다. 그러나 1800년 이후 획기적으로 새로이 나타난 것은 여러 요인들과 함께 자본주의를 심층적으로 변화시킨 산업화였다.[62] 자본주의는 산업자본주의로서 새로운 특성을 얻었다.

"산업화"는 복합적이고 심층적인 사회경제적 변동 과정을 의미하며, 그 핵심에는 세 가지 요소가 ― 서로 연결되어 ― 있다. 우선 기술적·조직적 혁신이다. 이는 18세기 증기기관의 발명 및 방적·방직의 기계화로부터 20세기 말, 21세기 초 생산과 통신의 디지털화에 이르는 것이다. 다음으로 새로운 에너지원의 대량 활용(처음에는 석탄, 후에는 여러 에너지원에서 얻은 전기, 그다음에 석유, 원자력, 재생에너지)이다. 이는 인간과 자연의 관계를 근본적

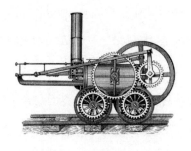

초기의 증기 기관

으로 변화시키고 위태롭게 하였다. 세 번째는 분업적 생산 업체로서의 공장의 확산이다. 공장은 옛 선대제와 달리 중앙화되어 있었고, 수공업 업체와 달리 동력 기계와 공작기계를 활용하였으며, 구상*과 실행 사이의 명확한 구별을 알고 있었다. 이 혁신 과정이 계속 새롭게 일어난 곳은 산업화가 진행되던 영업 분야였다, 하지만 그것은 곧 농업(신경작법, 시비법, 기계화)이나 교통 제도(신종 이동 기구에 대한 새로운 에너지와 동력기의 이용. 여기서 신종 이동 기구는 철도와 기선 운항에서부터 오늘날의 항공교통과 상호 의존적 운송 체계까지 말한다.), 통신 영역(19세기 중엽의 전보에서 인터넷, 미디어화에 이르는)에서, 조금 후에는 다

---

* 원문에는 지휘Leitung로 되어 있으나 국내의 언어적 관용을 감안하여 구상으로 표기함 ─ 옮긴이

양한 행정 영역에서 흘러넘치게 되었다. 행정은 분화되는 전체 사회적 분업에도 불구하고, 곧 과도하게 성장했다. 이 모든 것이 점점 더 숙련되고 강화되고 규율화 된 인간의 노동을 포함한 전체 생산요소의 생산성을 전례 없이 높였다. 아울러 그것은, 불균등하게 진행되고 경기에 따라 요동쳤지만, 인구 증가에도 불구하고 1인당으로 살펴봐도 전체 경제의 지속적인 성장으로 이어졌다. 그러나 무엇보다도 그것은 ― 대개 불안정했으며, 부족함과 결핍이 심했던 초기 국면이 지난 뒤 ― 생활 상태의 근본적 개선으로 이어졌다. 이는 실질소득의 추가 획득, 넓은 인구층에서 현저히 나아진 생계, 건강 개선, 수명 연장, 아울러 일상 속에서의 선택 가능성 증가로 나타났다. 도처에서 산업화와 도시화가 함께 나아갔다. 산업화가 진행되면서 농업이 차지하는 고용률이 하락했다. 이는 영업·산업 분야에 유리했고, 그다음으로 "3차 산업" 분야(특히 상업과 서비스업)에 유리했다. 선진국에서는 3차 산업 분야가 20세기 후반 이래 상대적으로 축소된 영업·산업 분야를 넘어섰다. 이는 "후기 산업사회적post-industriell" 현대에 관한 논의에 일정한 의미를 부여했다.[63]

산업화는 우선 18세기 후반 이후 영국에서 발생했으며,
19세기 전반 또는 중후반 이후 유럽 남동부의 끝 지역과
함께 유럽 대륙과 북아메리카의 대부분에서 발생했다.
19세기 말 일본은 아시아 국가로서는 최초로 산업화되었
다. 20세기 말에는 아시아의 대부분, 특히 동남아시아가,
1980년대 이후로는 중국이 엄청난 속도로 그 뒤를 이었
다. 국가 전체가 산업화되는 경우는 드물었고, 언제나 개
별 지역들만 산업화되었다. 산업화의 시점에 따라서, 그
리고 경제적, 사회적, 정치적, 문화적 조건에 따라서 여러
나라와 지역의 산업화 과정이 매우 달랐다. 영국 모델이
나 미국과 독일같이 일찍 산업화된 다른 나라의 모델을
단순히 넘겨받는 것은 어디서도 중요하지 않았다. 그만
큼 산업화도 시장과 경쟁을 거치면서, 서로 관찰하면서,
지식을 전달하면서, 또 모방, 회피, 동화 전략을 쓰면서
서로 영향을 주었다. 산업화를 복지로 향하는 유일한 길
이라고 말할 수는 없지만, 지난 200년 동안 유럽 안에서
도 세계적으로도 산업화된 지역과 그렇지 못한 지역 사
이에 복지 수준의 차이가 크게 확대되었다. 통상적으로
복지의 후진성은 어떤 형태로든 산업화를 통해서만 만회

할 수 있다.[64] 그 핵심에는 사회경제적 변화가 자리하지만, 어찌되었건 산업화는 거의 모든 생활 영역에 작용했고 짧은 시간에 세계를 극적으로 변화시켰다. 그리하여 개별 저자들이 "이제까지 문헌과 사료에 기록돼있는 인간 존재의 가장 근본적인 변혁"(홉스봄Hobsbawm) 또는 "석기시대의 정주 이래 인류 역사 최대의 휴지기"(치폴라Cipolla)라고 언급했다.[65] 산업화 연구는 매우 잘 이루어져 있다. 산업화와 자본주의는 어떤 관계인가?

우선, 산업화가 시작되었을 때 자본주의는 이미 오랜 역사를 가지고 있었다. 세계 규모로 확대된 상인 자본주의 또는 상업자본주의가 강제로 산업화로 이어진 것은 아니었다. 원산업적으로 확대된 형태 속에서도 상황은 마찬가지였음을 많은 사례가 보여준다. 반대로, 소련의 사례가 입증하는 것은 비자본주의적 형태의 산업화도 존재할 수 있다는 사실이다. "자본주의"와 "산업화"라는 개념은 서로 다른 특징에 의해 규정된다. 그 특징들을 예리하게 분리하는 것이 바람직하다.

그리고 자본주의의 전 산업적 · 영업적 전통이 산업화의 관철을 뚜렷이 촉진했다. 그런 전통이 존재한 곳에서는 언제나 그랬으며, 19세기와 20세기에 산업화의 관철이 달성된 모든 곳에서 그랬다. 19세기에 산업화는 어디서나 자본주의적 구조 안에서 진행되었다. 공산주의의 이름으로 1917년과 1991년 사이에 시험된 중앙통제 경제의 대안 모델은 열등한 것으로 판명되었다.[66] 중국의 급속한 산업화 역시, 중국 공산당 지도부가 점진적으로 정치적 통제를 완화하고 자본주의 원칙을 어느 정도 허용하기로 결정하고 나서야 돋보이게 되었다. 분명히 자본주의와 산업화 사이에는 뚜렷한 친화성이 존재했으며 지금도 존재한다. 투자는 양자 모두에서 결정적인 의미를 가진다. 새로운 기획의 항구적 추구, 새로운 상황에의 관여가 산업화의 일부이다. 이에는 시장의 지적과 피드백이 반드시 있어야 했고, 지금도 그렇다. 또한 이를 위해서는 매우 많은 기업들로 나뉜 탈중심적 결정 구조가 필수 불가결하다고 판명되었다. 지금까지 장기적으로 성공적이던 산업화의 전제는 자본주의였다.

마지막으로 산업화는 자본주의를 변화시켰다. 산업화는 (1) 계약에 근거한 임노동을 일반적인 현상으로 만들었다. 이로써 최초로 — 임금을 받고 노동력을 제공하는— 자본주의적 상품 형태가 완전히 그리고 무더기로 인간 노동에 적용되었다. 노동관계는 자본주의적으로 되었다. 즉 노동은 동요하는 노동시장에 종속되었고, 자본주의적 목적을 위해 엄격한 계산에 예속되었고, 고용주와 경영자의 직접적인 감독 대상이 되었다. 이와 함께 자본주의에 내재적인 계급 대립이 뚜렷해져서 지배 및 분배 갈등을 경험할 수 있게 되었고 또 사회적 갈등의 기초로서 작용하게 되었다.

(2) 고정자본의 축적은 공장, 광산, 새로운 교통체계, 기계화, 설비 확충과 더불어 전례 없는 규모에 도달했다. 수적으로 계속 지배적인 중소기업과 더불어 대기업 그리고 기업결합이 생겨났다. 그와 함께 수익성을 더 정확히 통제할 필요가 증가하여, 원칙적으로는— 현실에서는 많은 예외가 있었지만— 기업 구조의 체계화로 이어졌다. 체계적이고 분업적이며 위계적인 조직은 시장 원칙의 옆에서, 시장 원칙과 결합하면서 기반을 확보했다.

(3) 기술적, 조직적 혁신은 자본주의의 전前 산업적 변종에서보다 산업자본주의에서 훨씬 중요해졌다. 혁신의 속도가 빨라졌다. 슘페터Schumpeter는 "창조적 파괴"가 자

본주의 경제 양식의 핵심 성분이라고 분석했다. 실제로 창조적 파괴는 산업자본주의와 함께하고서야 자본주의의 핵심 성분이 되었다. 방직과 방적 산업에서 공장이 원산업적 가내 영업을 대체했다. 강과 운하를 통한 운송에서는 증기선이 예인선과 여타 전통적 운송 형식을 밀어냈다. 전기 공급자들은 곧 가스등 회사에 우위를 점했다. 타자기 제작자들은 100년 뒤에 컴퓨터 생산자들에게 시장을 내주었다. 이 모든 것과 더불어 진취적인 사업가와 협력자들에게 새로운 수입과 성공의 기회가 열렸다. 대체로 소비자들도 그로부터 이득을 얻었다. 그러나 동시에 수많은 패자들이 있었다. "다른 모든 것에 앞서 계속되는 생산의 전복, 사회 상황의 끊임없는 동요, 영원한 불안정성과 운동이 부르주아 시대의 특징을 나타낸다." [67] 이는 자본주의가 인기를 얻지 못하는 데에, 그리고 거듭해서 정당성을 상실하는 데에 기여하였다. 특히, 대략 1873년, 1929년, 2008년에 터졌던 것과 같은, 계속 반복되는 거대한 자본주의 위기 속에서 분명히 그랬다.

(4) 이 위기는 대개 과도한 투기와 금융 분야의 잘못된 발전에서 비롯된 것이지만, "실물경제"에도 역시 작용하

였다. 위기는 몇몇 투기꾼들뿐만 아니라 넓은 인구층의 삶을 위태롭게 만들었고, 심각한 사회적 · 정치적 동요로 이어질 수 있었다. 그러므로 위기를 통해, 산업화 시대의 자본주의를 이전의 변형들로부터 구별해내는 것이 무엇 인지가 명백해졌다. 말하자면 산업화 시대의 자본주의는 지배적인 경제 조정 메커니즘이 되었고 동시에 사회, 문화, 정치에 강하게 작용하지만, 과거 수백 년 동안에는 자본주의가 고립 상태에 있었으며 비자본주의적 구조와 심성 안에 착근embeddedness*되어 있었던 것이다.[68]

1800년의 시대 분기점까지 뚜렷한 형태를 갖춘 자본주의는 북서 유럽의 몇 안 되는 지역에 제한되어 있었다. 하지만 산업화를 통해 역동성을 갖게 된 자본주의는 20세기 후반 전 세계적 차원에 도달했다. 이미 언급했지만 이것은 새로운 나라와 지역에서의, 특히 동아시아 지역에서의 계속된 자본주의 관철에서만 나타나는 것이 아니다. 그것은 또한 국가와 대륙의 경계를 넘어선 자본주의적 교환 과정의 증가하는 상호 의존성, 즉 자본주의의 지

---

* 1장에서 설명한 대로 이 단어는 착근으로 옮긴다. ─ 옮긴이

구화에서 나타난다. 이것은 그 자체로는 새로운 현상이 아니며, 앞 장에서 말했듯이 지난 몇 세기에 걸쳐 단초적으로 관찰될 수 있었다. 하지만 지구화의 국면은 1860년대에서 1914년까지, 그리고 다시 대략 1960년 이후, 특히 1990년 이후 현저히 촉진되었다. 세계무역의 팽창에서, 상이한 세계 지역에서 상품 가격이 일정하게 수렴되는 현상에서, 급속히 증가하는 전 세계적 금융거래 총액에서, 더 넓은 영역에 걸친 다국적 기업의 성장에서, 국경을 넘는 노동 이민의 증가에서, 위기의 세계적 연장에서 지구화의 촉진 현상을 읽을 수 있다. 지구화는 경제적 현상만은 아니며, 도리어 통신·정치·문화 영역에서 국경을 초월한 결합으로서 발생한다. 하지만 자본주의는 지구화의 중요한 추동력일 뿐만 아니라 동시에 지구화가 발생하는 장이다. 지구화가 여전히 모든 것을 아우르지는 못하며, 지구화를 통해서 국민국가가 의미를 잃어버리지는 않을 것 같지만 말이다. [69]

2.
소유자 자본주의에서
경영자 자본주의로

분석적 측면에서 봤을 때 자본-노동 관계는 산업자본
주의의 모든 변형에서 중심 역할을 한다(1장 참조). 그 관
계는 역사적으로 크게 변화했다. 여기서 지난 200년 동
안 기업 구조와 전략에서 진행된 심층적 형태 변동이 결
정적으로 작용하였다.

개념적으로 자본가와 경영자는 구별된다. 자본가는 자
본을 준비하며, 그와 함께 원칙적으로 자본을 사용할 장
소와 목표를 결정한다. 그는 이와 관계된 위험을 짊어지
며, 경우에 따라 이로부터 나오는 수익을 손에 넣는다.
경영자의 중심 과제는 기업을 운영하는 것이다. 그는 이

를 위해 기업 목표, 시장에서의 위치, 내적 구조, 아울러 노동력 투입에 관해 하나하나 결정한다.[70]

종종 산업혁명이라고 불리는 1차 산업화 국면의 전형적인 기업 운영자는 혼자서 자본가의 역할과 경영자의 역할을 겸했다는 것은 맞는 말이다. 그는 기업의 소유자였으며 기업을 운영했다. 대체로 그는 자신의 저축으로, 개인 차입을 통해, 더 드물게는 은행의 신용 대출로 자본을 조달했는데, 동업자와 협력한 경우도 있었을 것이다. 그리고 자신의 전 재산으로 보증했다. 어느 중견 기업, 예컨대 100~200명의 노동자를 고용한 기계제 방직·방적 공장의 경우에도, 대개 동업 관계로 설립된 기업은 대단치 않은 규모였으며, 자신을 포괄적 권능을 지닌 "가장 Herr im Haus"으로 여기는 소유자—경영자에게 장악되어 있었다. 사장이 자본가이자 경영자였다는 것은 그에게 확실한 장점이 되었다. 이 사실로 인해 경영자의 경영권은 근본적으로 자본가의 주요 위험을 받아들일 수 있었고, 자본가의 이익 청구권은 성공한 경영자의 일로 정당화되었다.

초기 산업화 시기의 기업가들은 거의 전적으로 그들

의 사회 환경, 특히 가족과 긴밀히 결합되어 있었다. 창업 자본은 흔히 가족이나 친척들에게서 조달했다. 경영 문제를 해결하기 위해, 아울러 국경을 초월한 사업적 결합을 창출하고 주요 사회적 환경과의 관계망을 형성하기 위해 기업가의 가족은 단결하였다. 19세기 국제적 은행 가문인 로스차일드가Rothschild의 역사와 베를린, 런던, 페테르부르크에서 기업을 설립하던 때의 지멘스Siemens 형제로부터 이런 긴밀한 협력을 잘 볼 수 있다. 또는 남서 중국 쯔궁自貢에서 특히 소금을 채취하여 판매하던 기업가들의 친족 관계망도 마찬가지이다. 말하자면 가족은 시장에서 성공하기 위한 전제이자 수단이었다. 경제적, 문화적 자본은 가족 내부에서 대대로 계승되었다. 가족 기업은 흔히 상속의 결과였으며, 상속을 목표로 했다. 명백히 이 상속에 대한 기대가 많은 소유자-경영자들을 미래 지향적 투자로 이끌었다. 그들은 대개 정력적이었으며, 냉정히 계산하여 자신의 이익을 무자비하게 관철하는 — 거의 대부분이 남성이었으며, 드물게 여성이 있었다. — 시민들이었다. 그들은 경쟁자에게 보복하는 방법, 노동자를 이용하는 방법 등을 이해하고 있었다. 하지만 긴밀한 가족적 결합으로 인하여 순수한 이익 동기를 넘어서는 추가적 의미가 그들의 노고에 주어졌다. 경쟁자와의 투쟁, 경우에 따라서는 노동자 착취에서도 마찬가지이다. 이익 동기는 그다지 절대적인 것이 아니었다. 이를 보여주는 것은, 가족 사업가들이 사업에 대한 통제력을 위험에 빠뜨리지 않기 위해 사업을 확대할 수 있음에도 불구하고 의도적으로 포기하는 상황이다. 은행이나 증권거래소의 도움을 받는 자본 확대의 경우 그럴 우려가 있었다. 물론 시장은 비경제적으로 중요한 것들을 위해 사업의 확대를 포기하는 결정을 하지 못하도록 강제하였다. 시장의 동력을 의식적으로 포기했던 사람은 자기 사업이 쉽게 위험에 빠졌다.[71] 뒤처지지 않으려면 전진해야만 했다. 경쟁 체제는 끊임없는 혁신을 요구했고, 현상 유지를 허락하지 않았다. 현상 유지는 경쟁이 없는 집 안에서나 가능했다.

자본주의는 옛것을 파괴한 자리에 새로운 사회 기구를 결코 세우지 않았다. 이것은 산업화 시기 가족과 사업의 관계에서 알 수 있다. 자본주의는 오랜 이행기 동안 새로운 사회적 질서를 부각시켰지만, 오히려 그것을 어떤 식으로든 기존에 존속하던 것과 융합했다. 자본주의는 낡은 구조에 스며들었고, 장기적으로 그 구조를 변화시켰다. 그런 한에서 자본주의는 혁명적으로 작용하기도 했고, 비혁명적으로 작용하기도 했다. 이는 오늘날까지 산업자본주의가 등장했던 형태들의 다양함을 설명해준다.

가족과 기업의 긴밀한 결합은 여전히 흔한 일이다. 그것은 오늘날까지도 도처에서 기업의 대다수를 이루며, 특히 계속 신설되고 보충되는 중소기업에서 그렇다. 오랜 시간을 거치며 개인회사에서 유한회사로 바뀐 또는 처음부터 유한회사 형태로 설립된 대기업의 경영 기구에서조차 20세기 후반까지도 창업자 일가나 소유자 일가의 영향력이 컸고, 이는 특히 영국과 일본에서 그랬다.[72] 하지만 일반적으로 주식 또는 지분에 근거한 유한회사(독일에서는 1892년 이후 유한보증회사^{GmbH})로서 설립된 대기업과 초거대 기업이 성장하는 영역에서는 대체로 경영자 자본주의가 실현되었다. 이는 경영 기능이 유한 책임을 지는 고용된 기업가("경영자")의 수중으로 서서히 넘어갔으며, 자본가 기능과 경영자 기능이 어느 정도 분리되었음을 의미한다. 언급된 것처럼 소유자 일가의 구성원과 경영자 사이의 협력이라는 혼합 형태가 흔하고 지속적이었으며, 게다가 완전히 형태를 갖춘 경영자 자본주의에서도, 특히 자본 소유가 널리 분산되어 있지 않고 중요한 직위가 몇몇의 수중에 집중된 경우, 자본 소유자가 기업의 중요한 의사 결정에 영향력을 행사했음에도 불구하고 그렇게 되었다. 경영자 자본주의로 가는 길은 독일과 미국, 그밖에 고유한 방식의 일본이 주도했다. 그 추동력은 성장, 자본 수요, 조직에서 나왔다.

독일 전기제품 회사 지멘스는 독일 국내에서 1854년 90명, 1874년 650명, 1894년 약 4,000명, 1914년에는 약 5만 7,000명을 고용했다. 독일 최대의 기업 크룹^{Krupp}은 1887년 2만 명, 1907년에는 6만 4,000명을 고용했다. 독일의 철강회사 페라이니히테 슈탈베르케^{die Vereinigten Stahlwerke}는 1927년 20만 명의 종업원을 고용했으며, 미국 최대의 기업 유에스 스틸^{US-Steel}은 1901년 약 10만 명, 1929년 4만 4,000명을 고용했다. 1960년대 말 지멘스에서는 세계적으로 27만 명이, 도이치 방크^{Deutsche Bank}에서는 3만 명의 노동자와 사무원이 근무했다. 이 수치는 2010년까지 37만 명과 9만 8,000명으로 상승했다. 이해에 도이치 포스트die deutsche Post는 42만 5,000명, 지멘스는 40만 5,000명으로 독일 순위표의 최상위를 차지했지만, 세계 최대 기업 순위표에서는 11위와 13위에 불과했다. 그 순위표의 선두를 차지한 것은 소매업체 월마트Wal-Mart(종업원 210만 명)와 중국의 페트로 차이나(종업원 165만 명)였다. 이 이례적인 상승의 배경으로는 상이한 경과 — 성장 외에 무엇보다도 기업결합 — 와 상이한 목표가 있었다. 말하자면 "규모의 경제"에 대한 인식, 즉 변화하는 기술 조건 및 판매 조건(대량생산과 대량소비 시장)하의 매출 및 수익 기회에 대한 인식이 있었다. 그리고 규모를 향한, 그와 더불어 경영학적으로는 이득이 되지 않는 부, 명망, 권력을 향한 노력이 있었다. 때때로 팽창은 방어적 동기로 이루어지기도 했는데, 공격적 경쟁에 수동적으로 대처한다면 쉽게 몰락으로 이어질 수 있었기 때문이다.

1차 산업화 국면에서는 가장 값비싼 기업들마저도 보잘것없는 기초 자본으로 꾸려나갈 수 있었다. 1850년대 독일 광산 분야에서는 규모 1, 2위 기업의 자본금이 최대 300만 마르크 정도였다. 여타 분야, 특히 성장 중이던 직물 분야의 회사 자본금은 그보다 훨씬 낮은 수준이었다. 그러나 1887년~1927년 100대 독일 기업의 평균 자본금은 940만 마르크에서 5900만 마르크로 증가했다. 1901년 유에스 스틸의 자본금은 14억 달러에 달했다. 도이치방크의 자기자본금은 1970년 14억 마르크였지만 2010년에는 이미 490억 유로에 달했다. 같은 해 지멘스의 자기자본금은 280억 유로에 달했다. 그 같은 액수는 모든 개별 소유자 가문의 역량을 완전히 넘어서는 것이었고 지금도 그렇다. 자본시장을 통한 재정 조달, 그와 함께 유한회사의 조직 형태가 강요되었던 것이다.

이따금 언급되는 "2차 산업혁명"은 상대적으로 일찍 산업혁명이 시작된 유럽과 북아메리카 국가들에서 19세기 사사분기와 20세기 첫 수십 년 동안 발생했다. 2차 산업혁명은 전기 기술, 화학, 자동차 제조 같은 "신산업"이 극적으로 성장하고, 석유가 에너지원으로서 개발되고, 산업 생산에서 과학기술의 중요성이 급증함을 의미한다. 2차 산업혁명은 또한 카르텔, 트러스트, 콘체른, 지주회사 형태의 포괄적인 결합을 통한 자본의 집중화를 가리킨다. 자본의 집중화는 부분적으로 1870년대의 경제공황에 대한 반응으로서 경쟁을 제한하거나 완전히 차단하려고 시도된 것이다. 주도 세력은 거대 콘체른인 뉴저지 스탠더드 오일Standard Oil of New Jersey(1870년대 이후)의 설립자였던 존 록펠러John D. Rockefeller나 겔젠키르헨 광산주식회사Gellsenkirchner Bergbau AG의 총수이자 1893년의 라인-베스트팔렌 석탄신디케이트das Rheinisch-Westfaelisches Kohlensyndikat의 창립자였던 에밀 키르도르프Emil Kirdorf 같은 대기업가였다. 이따금 거대 은행들이 이들을 지원했는데, 이들은 예전과 달리 산업에 대규모로 투자하였고 개별 산업 기업과 긴밀히 협력하였다. 이 경우 보증된 수단은 주식 소유에 의한 연계와 감사회에서의 상호 대변이었으며, 이는 산업자본과 은행자본의 관계망 형성 강화로 이어졌다. 이따금 가정되는 것과 달리, 한쪽이 다른 쪽을 지배했다고 말할 만한 것은 아니었다. 결과적으로 몇 안 되는 대기업가들의 수중에 유례 없는 권력과 부의 축적이, 특히 미국에서 이루어졌다. 미국에서는 이미 동시대인들이 록펠러 — 3300억 달러(2008년 달러 가치)의 재산을 보유한 세계에서 가장 부유한 남자 —, 카네기Carnegie, 밴더빌트Vanderbilt, 듀크Duke, 스탠포드Stanford 등을 비판적, 논쟁적으

로 "강도 남작^{robber barons}"이라 불렀다. 이들 중 몇몇, 예컨
대 1902년 창설된 브리티시아메리칸 타바코^{British American}
^{Tobacco} 같은 대기업은 국경을 초월한 사업에 집중하여 다
국적 구조를 발전시켰다. 대부분의 대기업은 기능적으로
는 고도로 통합되었고 생산적으로는 분화되었다. 그들은
원자재 조달, 생산, (재)가공 및 판매 기능을 완전히 또는
부분적으로 자체 내에 통합했다. 동시에 그들은 온갖 종
류의 상이한 상품과 서비스를 생산했다. 말하자면 그들
은 더 강하게 특화되었고, 시장 관계를 통해 서로 결합된
독립 기업들에서 다뤄지던 것을 조직적 수단을 통해 통
합했다. 결과적으로, 대학에서 자격을 획득한 전문 경영
인에 의해 운영되며, 고도로 복합적이고 체계적으로 배
치되어 정교하게 조정되는 거대 구조가 생겨났다. 이들
은 19세기 말과 20세기 초에는 수직 통합되었고 중앙 집
중화되었으며 매우 위계적이었지만, 1945년 이후 서구에
서는 오히려 탈중앙 집중화 되었고 반자율적인 단위들의
연합체로 바뀌었다. 전체적으로 자본주의의 심층적 형태
변화가 중요해졌다. 한때는 분명히 시장 메커니즘을 통
한 조정이 지배적이었다. 이제 그것은 조직적, 유사 정치

적 수단들과의 조정을 거쳐 전보다 훨씬 강하게 보완되었다. 이것은 "조직 자본주의Organisierter Kapitalismus"라고 불린다. 하지만 그 모든 동맹과 독점 경향에도 불구하고 조직 자본주의에서도 초거대 기업들 사이에서 가혹한 경쟁이 거듭 발생했으며, 이는 서로의 존재에 대한 위협으로 이어질 수 있었다. 대기업은 어디에서나 수적으로는 중소기업에 비해 소수였지만 그 비중은 비교할 수 없을 만큼 컸다. 1962년 미국의 50대 기업은 미국 전체 산업자본의 3분의 1을, 500대 기업은 3분의 2를 차지했다. 게다가 이 기업들은 압도적으로 (최소한) 중산층 출신으로서 (최소한) 대학 졸업장을 가진, 프로테스탄트인 백인 남성들에 의해 운영되었다.[73]

경영자 자본주의의 성장에 수반된 큰 희망과 큰 두려움은 후에 모두 과장된 것으로 밝혀졌다.

경영자 자본주의에 기대한 것은 — 재산의 분산이 가능해지며 기업 운영진 채용에서 재산의 의미가 줄어들게 되므로 — 좀 더 민주적으로 될 것이라는 점이다. 한편에서는 주식 소유가 분산되었고, 소액 투자자들도 주식 소유의 매력을 느끼기 시작했으며, 삶의 위험에 대한 보장 및 노후 준비에 주식 소유가 갖는 의미가 커졌다. 실제로 이로써 자본주의의 사회적 안착이 현저히 강화되고 확대되었으며, 많은 사람들의 삶이 예전보다 더 자본주의 경제의 등락과 결합했다. 연금을 통한 노후 준비가 확대된 것에서도 드러나듯이, 연기금은 금융시장에서 "큰손" 중 하나이다. 다른 한편, 기업 운영자의 채용과 승진에서 "생산수단의 소유"라는 기준이 무의미해졌고, 소유자 기업가와 경영자의 전형적 직업 경로가 서로 구별되게 되었다. 하지만 전체적으로 경제 권력이라는 성채로 가는 길은 더 확대되지 않았다. 접시닦이에서 백만장자로의 상승은 거의 불가능한 일이 되었다. 세대 간 신분의 대물림에도 경영자 자본주의에 고유한 선택 절차가 크게 작용했다. 그 선택 절차에 따라 학교와 실생활에서 받을 수 있는 교육 외에 출신에 따라 전달되는 문화 자본 및 그와 결합된 관계망들이 높은 평가를 받게 되었다.

반대로, 경영자의 흥기와 함께 경영 기구에서 무책임한 행위가 증가할 것이라는 점이 두려움의 대상이 되었다. 고용된 경영자는 실패에 대해 자신의 모든 경제적·사회적 존재를 걸고 보증할 필요가 없기 때문이다. 역으로 기업의 성과가 날 경우에도 개인적으로 제한된 수익만을 얻는다.[74] 금융자본주의의 "구조화된 무책임성"에 관한 최근의 경험에 비추어 볼 때, 왜 이 두려움이 경영자 자본주의의 고전기(서구에서는 1970/80년대까지)에 진실로서 확증되지 않았는지 그 이유를 이해하는 것이 중요하다. 그 당시에는 한편으로는 경영자의 자본 참여를 비롯하여 경영자의 소득 중 성과급 부분의 역할이 중요했다. 다른 한편에서는 이 직업군 내에서 전문가적 자세가 그에 상응하는 사회적 상호 통제 메커니즘과 함께 발전했다. 그리고 이는 유관 은행의 관리자들과도 관련이 있었다. 그러나 무엇보다도, 성패의 유동성이 증가했다고 해도, 고용된 경영자들 또한 그들 자신과 타인들을 위하여 특정 기업, 즉 "그들" 기업의 성패와 매우 가시적으로 결합되어 있었다. 그것이 결정적이었다(그것이 오늘날의 금융시장 자본주의에서와는 다른 점이다). 1910년 무렵 에밀 라테나우Emil Rathenau는 "그의" 경영자 기업 AEG와 동일시되었다. 회사 창립자의 아들 빌헬름 폰 지멘스Wilhelm von Siemens는, 주식회사였지만 계속 가족이 통제하던 "그의" 전통 기업과 동일시되었다. 전자가 후자보다 결코 약하지 않았다.

  하지만 전체적으로 소유자 기업가들보다는 경영자들
이 경제 외적 고려, 예컨대 가족 관계에 관한 고려에 영향
을 덜 받았고 제지도 적게 받았다. 따라서 산업혁명기의
소유자 기업가들보다 경영자 자본주의의 고용된 경영자
들에게서 경제적 동기가 더 순수하게 나타났다. 전체적
으로 후자가 전자보다 좀 더 역동적으로 결정했으며, 더
팽창적으로 행동했다.[75]

3.
금융화

경영 활동을 사회적 맥락으로부터 분리하는 경향이
나타나고 있다. 이는 여타의 목적에는 관심을 쏟지 않고,
목표를 오직 이윤과 성장에만 집중하는 것을 의미한다.
이것은 경영자 자본주의에 이미 내재되어 있었지만 아직
절대화되지 않았던 자본주의의 자기 목적성이었다. 이
자기 목적성은 "금융화Finanzialisierung"와 더불어, 즉 지난 수
십 년간의 금융시장 자본주의, 금융자본주의 또는 투자자
자본주의의 성장과 더불어, 체제에 새로운 특성을 부여하
여 아직 해결되지 않은 새로운 도전 앞에 세울 정도가 되
었다. 금융자본주의를 생산이나 상품 교환이 아닌, 환전

상·중개인·은행·증권거래소·투자자·자본시장에 의해 (순환되면서) 운영되며 화폐가 매개하는 사업의 총체로서 이해한다면, 이것은 이미 낡은 생각이다(2장과 3장 참조). 1970년대 이후 세 가지 견지에서 새로운 금융자본주의가 나타났다.

(1) 금융 분야가 급속히 확장되었고 높이 평가되었다. 이 같은 현상은 국제통화 규제에서의 브레튼우즈 체제 Bretton Woods-System의 종말, 1970년대의 급격한 유가 인상, 몇몇 서구 국가에서 실행된 탈규제화 및 어느 정도의 탈산업화와 관련이 있다. 이는 특히 영국과 미국에서 그랬는데, 양국에서는 총생산에서 차지하는 금융 분야의 비중이 1950년대에서 2008년까지 약 2퍼센트에서 8~9퍼센트로 늘었다. 은행의 자산 가치는 폭발적으로 증가했다. 국경을 초월한 자본유통은 1980년대 세계 총생산의 4퍼센트에서 2000년에는 13퍼센트, 2007년에는 20퍼센트로 증가했다. 그중 많은 부분을 차지한 것이 산유국과 신흥개발도상국(중국, 동남아시아, 인도, 브라질)에서 유럽과 북아메리카로의 송금이었다. 하지만 선진 산업국가들의 해외투자 역시 활발했는데, 여기서는 금융과 보험이 가장

큰 몫을 차지했다. 투자가 조지 소로스[George Soros]가 1998년에 썼던 것처럼 "체제는 어디로 향할지를 스스로 선별할 수 있는 금융자본을 장려한다. 금융자본은 거대한 순환 체계라고 상상할 수 있다. 금융자본이 운전석에 앉아 있다." 오랫동안 유럽 중앙은행의 수석 경제학자였던 위르겐 슈타르크[Jürgen Stark]가 2011년에 판단한 바로는, 금융 분야는 오래전부터 서비스 역할을 방기했으며 너무 거대해져 자기 준거적으로 되었다. 게다가 은행가의 이윤이 이례적으로 상승한 데에는 영국과 미국에서 나와서 곧 국제적으로 작용했던 "신자유주의적[neoliberale]" 탈규제 정책이 크게 기여했다. 물론 금융 분야의 호황은, 2008년 대붕괴 이전의 15년 동안에도 지역적으로 제한된 금융 위기에 의해 세계적으로 계속 교란되었다(가령 미국에서는 1990년대 초, 멕시코에서는 1994/95년, 동아시아와 러시아에서는 1987년과 1998년, 아르헨티나에서는 2001년에 그랬으며 일본에서는 지금도 지속되고 있다.). 금융 분야의 호황에 참여하기 위해 제너럴 모터스[General Motors] 또는 제너럴 일렉트릭[General Electric] 같은 대기업들이 산하에 금융 서비스 부문을 설치했으며, 이는 곧 핵심 사업보다 더 큰 이윤을 가져왔다. 투자은행, 투자 기금, 증권거래소 외부의 사모펀드 회사Private Equity-Gesellschaft, 여타 자본 참여형 기업들이 다수 생겨났다. 이를 "금융화"라고 부른다. 자본 운동의 큰 부분이 생산적 목적을 위한 투자가 아닌, 투기에 이용되었고 지금도 이용되고 있다. 때로는 양자가 명확히 구분되지 않는다. 가치 창출에 상응하지 않는 거대한 이윤이 생겨났다. 최고의 이익에 대한 기대가 커진 만큼이나 거대한 위험이 발생할 가능성도 커졌다. 금융 분야도 내부는 균일하지 않았고, 지금도 그렇다는 것은 누구나 인정해야 할 사실이다. 도시의 저축은행이나 생산조합 은행은 헤지펀드Hedge-Fonds보다 훨씬 강하게 종래의 은행업을 고수하고 있다. 헤지펀드는 "곱등이"(프란츠 뮌터페링Franz Münterfering*)처럼 이익을 남기며 활동하는 기업을 매입하여 "합리화"하고 이용할 대로 이용하고서 분할한다. 아마도 부분적으로 수익을 남기며 기업을 다시 판매한 뒤 새로운 대상을 물색하기 위해서일 것이다. 그러나 이반 베렌트Ivan Berend**가 다음과 같이 말한 것이 옳았다. "탄탄한 은

---

* 1940. 1. 16.~. 독일의 정치인. 부총리 겸 노동부 장관을 역임 – 옮긴이

** 1930. 12~. 헝가리의 역사학자. 미국에서 활동 중. 19, 20세기 경제사의 세계적 권위자이다.– 옮긴이

행 업무의 도덕은 기관에 대한 신뢰와 함께 사라졌다. 도박이 건실한 사업 태도를 대체하면서 이익과 위험 모두 증가했다. 호황은 21세기의 첫 몇 년으로 막을 내렸다." 자본주의 경제의 이 금융 분야는 방임된 채로 가혹한 경쟁에 의해 추동되며 실물경제적, 사회적 착근과는 완전히 유리되었다. 그것은 일반적이고 조화로운 사회 지도 원칙의 발전과 관철에 무능하다는 것이 밝혀졌다.[76] 펀드 매니저는 주체로서 활동할 뿐만 아니라 자신의 기술에, 그리고 계속 치열해지는 경쟁에 종속되어 점점 더 객체가 된다. 그렇게 되는 데에는 투기사업의 수학화와 디지털화가 한몫했다.[77]

(2) 신용과 채무는 처음부터 자본주의의 특징이었다. 그러나 20세기의 사사분기와 21세기의 첫 10년 동안 많은 나라와 많은 분야에서 채무가 이례적으로 증가했다. 예를 들어, 국채 비율이 상승했는데, 이는 2008년의 국제 금융 위기가 은행의 공적 구제를 목적으로 한 대량의 채무 수용을 국가에 강요하기 이전의 일이다. 독일의 국채 비율(총생산에 대한 비율로 측정된)은 1950년대 초부터 1975년까지 16퍼센트에서 24퍼센트 사이를 오르내렸지

만, 1985년까지 41퍼센트, 1995년까지 56퍼센트, 2005
년에는 69퍼센트로 올랐다(2011년에는 81퍼센트). 프랑스
의 국채 비율은 16퍼센트(1975년), 31퍼센트(1985년), 55
퍼센트(1995년), 67퍼센트(2005년), 86퍼센트(2011년)이다.
스웨덴의 국채 비율은 1975년에서 2005년까지 28퍼센트
에서 50퍼센트로 증가했고(1996년 84퍼센트라는 중간 최고
치와 함께), 미국은 33퍼센트에서 68퍼센트로, 브라질은
30퍼센트에서 69퍼센트로, 일본은 24퍼센트에서 186퍼
센트로 증가했다.[78] 두 번째 사례로, 미국인의 저축률(개
인·가계 부문)은 1930년에는 5퍼센트에 도달했으며 1980
년대 초에는 10퍼센트 이상이었지만, 2005/7년에는 0퍼
센트로 회귀했다(2013년 2퍼센트). 세 번째 사례로, 많은
미국과 유럽 은행들의 평균 자기자본 비율은 20세기 초
에 약 25퍼센트였던 데에 비해, 최근의 경제 위기 전에는
10퍼센트가 되지 않았다. 그것은 종종 5퍼센트 미만이었
으며, 많은 경우 명시된 총자산의 1퍼센트에 달한 적이
한 번도 없었다. 대개의 나머지 부분은 외부 자본, 말하
자면 "채무"로 구성되었다.[79]

이 세 가지 현상은 모두 매우 복잡하며 서로 원인이 다

르다. 첫째, 자기 억제'를 위하여 별로 신뢰하기 어려운 메커니즘을 지금 활용하면서 문제의 해결을 뒤로 미루는 국가정책의 특이함이다. 둘째, 1950년대 이후 소비 자본주의의 성장이다. 소비 자본주의 때문에 자본주의가 광범위한 인구에 확고히 수용됐지만, 동시에 매우 매혹적인 공급품을 배치하고, 수요를 항상적으로 활성화하며, 소비 자본주의는 유혹적인 신용을 제공함으로써 사람들이 자기 형편을 넘는 생활수준을 영위하는 경향에 불을 지폈다. 마지막으로, 높은 수익의 재투자가 아니라 주주와 경영자에 대한 수익 분배에 신경을 쓴 은행 내부의 결정 구조이다. 하지만 일반적 차원에서 세 가지 사례는 하나의 동일한 근본적 변동에 대한 지표로 이해될 수 있다. 그것을 랄프 다렌도르프Ralf Dahrendorf는 "절약 자본주의Sparkapitalismus"에서 "외상 자본주의Pumpkapitalismus"로의 의문스러운 이행이라고 말했다. 자본주의적 현대에는 자본주의에 내재된 절약의 필요성, 즉 미래로의 보상 유예와, 마찬가지로 체제에 내재된 것이지만, 소비를 위한 지출의

---

* "국가의 자기 억제 의무"는 국가가 시민들의 활동에 간섭하지 말아야 할 의무로서 "국가의 소극적 의무"라고도 한다. - 옮긴이

필요성 사이에 긴장이 존재한다. 이는 이미 1976년 다니엘 벨Daniel Bell에 의해 분석되었으며, 그 사이에 이 모순은 더욱 심화되었다. 관건은 금융화 시대에 자본주의의 불안정화를 지속시키는 원천, 해소되지 않은 위기의 핵심, 나아가 현대 부국들의 문화와 정치라는 근본 문제이다.[80]

(3) 지난 몇 년, 몇 십 년 동안, 경영자 자본주의에서 금융시장 자본주의 또는 투자자 자본주의로 이르는 길에서 대기업 최상층부의 권력관계와 결정 과정에 변화가 있었다. 1980년대까지 대기업 부문에서는 명백히 경영자 기업이 지배적이었다. 특히 사업이 잘될 때 경영자 기업에서는 중역진, 이사회 또는 최고 경영자가 소유자의 이해관계에 맞서 상당한 무게감을 보였다. 한편에서는 은행이 이에 주의를 기울였다. 은행은 각각의 생산, 상업, 서비스 기업들과 때때로 긴밀하게 장기적으로 결합했기에 단기적 수익보다 장기적 성과에 관심을 두었으며, 주주의 이해관계에 맞서 특히 신용 대부로 경영진을 뒷받침하였다(특히 독일과 일본에서 그랬다.). 다른 한편, 기업 이사회가 상대적으로 독립성을 유지했다. 기업 소유가 수많은 중소 주주들에게 분산되었기 때문이다. 이 중소 주

주들은 흩어져 있었기 때문에 기업 운영진의 집단적 도전에 맞서 뭉쳐서 무언가를 할 만한 상황에 있지 못했다. 따라서 괜찮은 수익 배당금에 만족했다. 최후의 이윤 상승 가능성이 아직 남아 있다고 해도 말이다(특히 미국에서 그랬다.). 위의 두 경우에 기업 경영진이 이익의 대부분을 소유자들에게 분배하는 대신 재투자할 가능성이 높았다. 이는 자본시장에 대한 그들의 상대적 독립성을 더욱 강화했다.

이 같은 상황은 자본 투자회사(특히 거대 투자 기금 및 연기금)의 성장과 더불어, 그리고 투자에 특화된 금융 기업에서 더 공격적으로 된 투자은행 업무와 더불어 변화했다. 그들은 투자자와 예금주를 둘러싼 가혹한 경쟁에 둘러싸여 있었다. 그들은 투자자와 예금주에게는 유리한 이자 지불이나 목표 수익의 분배를 약속한다. 그들의 성과 결산은 몇 안 되는 지표로 표현되며 매우 투명하다. 성과의 미세한 차이도 투자자와 예금주를 둘러싼 경쟁의 일부이다. 그들은 투자자와 예금주의 힘을 모아내고, 그들의 소유자로서의 이익 — "주주 가치share holder value" — 을 자신들의 이익으로 간주하겠다고 약속하며 대단히 강경

하게, 직업적으로 꾸준히 기업 경영진에 맞서 대변한다.[81]

자본시장의 논리는 명확한 소유자 또는 경영자 자본주의의 시대보다 훨씬 더 직접적으로 기업 전략에 침투한다. 시장은 더욱 널리 퍼지며 강제적 상황이 된다. 개별 기업 경영진의 실행 능력은 축소된다. 기업들은 서로 비슷해진다. 은행의 영향력은 줄어든다. 기금의 대표들은 통제하지만 동시에 통제된다. 그들은 항구적으로 변명을 필요로 한다. 그들 자신이 이 변명을 항구적으로 제시해야 한다. 그들은 언제든 팔아치우고 자신들의 포트폴리오를 재편할 수 있다. 그것이 그들에게 거대한 권력을 가져다준다. 상황의 불안정성은 증폭된다. 1960년대에는 투자자가 주식을 (뉴욕에서) 평균 8~9년간 보유했지만, 지금 1년도 보유하지 않는다. 중요한 결정은 펀드매니저, 투자은행, 중개인, 애널리스트, 평가 전문가가 내린다. 그들은 경영자이지만 때로는 소유자의 이름으로 말하며 소유자의 수익-관심을 대변한다. 그들은 많은 기업을 거의 외부에서 공동 판정하지만, 그 기업과 결합되어 있지는 않다. 기업들의 내용, 전통, 사람에는 별 관심이 없다. 그들은 통용되는 지표와 민감하게 반응하는 시장의 신호를 근거로 결정한다. 그들은 일차적으로 이윤과 주주 가치를 지향한다. 그들은 그렇게 해야만 한다. 그렇지 않으면 그들의 기금이 손상될 것이다.[82]

이 투자자 자본주의 체제는 상대적으로 현실과 동떨어져 있으며 핵심적으로는 계속해서 탈규제적이다. 이 체제에서는 "펀드 매니저"의 추상적 활동을 어느 정도 비경제적이며 더 광범위한 목적에 맞출 필요가 없으며, 그것이 가능하지도 않다. 톰 울프Tom Wolfe*는 이런 현실을 잘 반영한 소설《허영의 불꽃The Bonfire of Vanities》을 집필했다. 이 소설의 폭로 장면에서, 자의식에 찬 성공한 투자 은행가이자 부유한 월스트리트 중개인 셔먼 맥코이Sherman MaCoy가 자신의 여섯 살짜리 딸의 질문에 대답하는 방식이 묘사된다. 그는 자신이 직업적으로 무엇을 하는지를 딸아이가 이해하고 감탄할 수 있도록 설명하려고 한다. 롱아일랜드 해변의 한 클럽에 모인 가족이 긴장하며 그의 말에 귀를 기울인다. 하지만 그의 노력은 실패하고 딸은 눈물을 쏟는다. 그것이 맥코이가 수행하는 일이 복잡하기 때

---

* 1931. 3~. 미국의 작가. 뉴저널리즘 문학 운동의 대표자 - 옮긴이

문인지 아니면 그의 일에 치부致富를 넘어서는 의미가 전혀 없기 때문인지를 결정하는 것은 독자의 몫이다.[83]

(수적으로는 많지만 대개 소규모인) 고전적 유형의 소유자 기업, 경영자 기업 그리고 지구적으로 활동하는 금융 자본가의 새로운 유형이 도처에서 나란히, 다양하게 중첩된 형태로 존재한다는 점이 충분히 강조되지 못하고 있다. 오늘날의 자본주의도 금융시장 자본주의 또는 투자자 자본주의로 제한되지는 않는다. 하지만 지난 수십 년간의 투자자 자본주의의 성장은 전체 체제가 결정적으로 변화되었음을 뜻한다. 투자자 자본주의의 성장은 다양한 자본주의적 기능이 새롭게 가속화되어 내적으로 분화되었음을 보여준다. 그것은 자본 조달 기능과 투자 기능을 더욱 분리했으며, 이 기능들이 자본시장의 논리에 따라 작업하는 특화된 기능 담당자들에게 귀속되어 이용되게 했으며, 자본가 기능의 비중을 뚜렷이 강화했다. 투자 결정의 원칙은 한때 착근되었던 비경제적 관계들에서 여느 때보다도 더 빠르게 분리되었다. 시장의 논리는 비경제적 관심과 지향에 대한 고려에서 더 해방되었다. 결정 구조는 개별 기업이라는 공간을 확실히 넘어섰으며, 그 외

부 경계는 더 유동적으로 되었다. 2008년의 국제 금융 위기에는 그 외에 더 많은 원인이 있지만, 그 위기가 보여준 것을 간과해서는 안 된다. 그것은 새로운 투자자 자본주의의 동력 안에 자기 파괴적이고 위험한 잠재력이 있음을 보여주었다. 투자자 자본주의 자체가 은행가, 투자자, 중개인, 애널리스트, 여타 "펀드 매니저"에게 맡겨진 채라면 그렇다는 것이다.[84] 관건은 착근의 새 형태를 발견하는 것이다. 성공 여부는 아직 결정되지 않았다.

4.
변화하는
임노동

마르크스, 베버, 그 외 많은 사람들에 의해 "자유로운" 임노동은 자본주의 노동의 중심 형태로서 해석되었다. 하지만 이 해석이 유지될 것인지, 이 해석을 어떻게 이해해야 하는지에 관한 논쟁이 다시 활발히 진행되고 있다. 글로벌 히스토리의 시각으로 보면, 산업자본주의적 노동의 유럽과 북아메리카식 변형이 19세기 후반에서 20세기 전반에 고전적 임노동 개념의 형성을 위한 경험적 배경으로서 이용되었다. 하지만 그것이 세계의 다른 지역, 다른 시대에 필연적으로 반복되지는 않는, 매우 특수한 노동이었다는 점도 명백하다. 이로써 임노동 개념, 그와 밀접히 관계된 계급 개념을 비판적으로 숙고하고 새롭게 정의할 필요가 생긴다.[85] 아래에서는 임노동이 자본주의를 위한 노동의 중심 형태라는 구상을 세 가지 이유로 고수할 것이다. 한편에서, 경계 없는 상품화 경향은 자본주의 체제의 핵심 성분을 이루며, 그 원칙이 인간 노동에 가장 일관되게 적용된 것이 임노동이다. 다른 한편 — 계급 형성, 사회운동, 정치투쟁과 같은 — 사회적 · 정치적 결과를 감안한다면, "자유로운 임노동"과 구속된 노동 형태(노예노동, 농노제, 채무노예, 연한계약이민노동자, 강제 노동) 간의 차이는 (고용 관계 내의) 종속 노동과 자영업의 차이만큼이나 대단히 중요하다. 비록 이 범주들 사이에는 언제나 수많은 혼합 및 이행 현상이 존재했고 지금도 존재한다. 마지막으로, "임노동"이라는 개념이 바르게 적용된다면 비서구 세계 지역의 자본주의 분석을 위해서도 적합하다는 것이 밝혀졌다.

하지만 반드시 "임노동" 개념을 폭넓게 파악해야 한다. 즉, 임노동을 교환 관계라는 틀 안의 노동으로서 이해해야 한다. 교환 관계의 틀 안에서 (숙련도가 상이한) 노동자들의 노동력은 (규정된 한계 내에서!) 장차 확정해야 할 조건하에서 임금 (또는 급여) 지불을 대가로 하여 고용인 또는 고용 기구에 의해 활용된다. 이는 일정한 기간 동안 이루어진다. 시작은 양측이 합의하며 마지막은 양측 모두에 의해 초래될 수 있다(해약고지권). (서면이건 아니건) 계약이라는 요소가 교환 개념의 일부를 이룬다. 계약은 자발적으로 체결되는 모양새지만, 노동자들은 생존을 위해 강제로 그 같은 교환 관계로 들어갈 수밖에 없으며, 일단 노동관계가 그에 관한 모든 외부 결정 및 규율과 함께 시작되면 노동자에게는 자유가 거의 남지 않는다. 이런 의미의 임노동은 사업의 존재와 연결되지 않는데, 여기서 사업은 베버가 결정적으로 근대 자본주의 정의의 중심에 놓았던 것이다. 이 정의에 근거하여 임노동의 매우 상이한 변이들을 구별할 수 있다. 그리고 여타 고용 관계에도 임노동의 요소가 존재했으며 지금도 존재하고 있다는 점을 인식할 수 있다.

임노동은 자본주의 이전에도 기본적 의미에서 또 제한된 범위에서 발견된다. 대부분의 종속노동이 구속적 관계 속에서 — 노예노동으로서 또는 (중세 및 근세 초 유럽에서) 신민 신분의 농민, 종복 신분의 하인과 하녀, 장인과 동업조합에 종속된 수공업 직인들에 의해 — 수행되었지만, 수백 년에 걸쳐 수많은 무산자, 빈민이 있었다. 말하자면, 대개 단기간 동안 일정하지 않은 지위에서 노동을 수행한 남자, 여자, 아이들이 있었다. 그들은 이따금 다양한 장소에서, 가령 지배자와 농민에게서, 수공업자와 상인을 위해서, 공동체와 수도원에서, 건설 현장이나 공방에서 보수를 받고 노동했다. 날품팔이꾼, 임시 고용 노동자, 계절 또는 유랑 노동자, 여러 종류의 보조원 등 다양한 이름으로 불렸던 농업 노동자로서 말이다. 그 보수만으로 살아가기는 거의 어려웠지만, 그렇게 번 현물 또는 화폐 임금은 개인이나 그 가족이 다른 원천, 가령 작은 땅뙈기에서 얻는 빈약한 수입을 보충했다. 종종 다양한 직업적 신분을 가진 사람들이 같은 가족 내에서 함께 살았으며, 같은 장소에서 함께 노동하기도 했다. 근세 초 카리브 해 유역의 플랜테이션에서 노예, 한시적으로 노동 의무를 진 "연한계약이민노동자", 자유 임노동자 들이 공존했듯이 말이다. 자본주의가 농업과 가내노동으로 침투하면서 특히 농촌에서 임노동자의 수가 증가했다. 게다가 관습적 구속(가령 장인과 동업조합에 대한 수공업 직인의 종속)이 점진적으로 완화됨으로써 또 수공업자나 가내노동자 같은 노동인구가 초지역적 시장 관계로 점점 더 편입됨에 따라서, 자본주의는 관습적 노동관계 내부에서 임노동 요소를 강화했다. 자본주의적으로 결정된 사회관계들이 급작스럽게 옛것을 파괴하며 나타난 경우가 드물었다는 사실은 종속노동인구와 관련해서도 유효했다. 자본주의적 관계들은 오히려 관습적 사회관계들 안에 들어앉아 그것들을 늘리고, 느슨하게 하고, (철저하게 긴장과 갈등을 통해) 상대화하면서 점진적으로 변화시켰다. 그래서 사람이 삶의 여정 속에서 변화하는 위치를 받아들일 수 있었을 것이다. 때로는 뚜렷한 저고용과 실업 상태, 심지어 도움이 필요한 빈곤 국면 또한 그 일부였다.

수많은 이행과 혼합을 특징으로 하는 이 혼재 상태를 깔끔히 세분하여 수량화하기는 매우 어렵다. 그러나 "프롤레타리아적"이라는 관대한 개념을 이용하여, 날품팔이꾼과 임시 고용 노동자, 농업 노동자와 가내노동자, 매뉴팩처와 광산조합의 노동자, 하인과 장인 들을 "프롤레타리아"에 산입하면, 1550년 유럽 인구의 약 25퍼센트, 1750년 유럽 인구의 거의 60퍼센트가 프롤레타리아층에 속했다고 찰스 틸리^{Charles Tilly}는 주장한다. 그중 절반 이상이 농촌에 거주했다. 그 농촌은 물론 19세기의 산업자본주의가 나중에 변화시킨 성스럽고 질서 정연하고 정적인 세계가 아니었다. 그 농촌은 그다지 형식화되지 않은 노동 및 생활 관계를 갖춘 채, 매우 궁핍하고 결핍되고 곤궁한 상태에서 움직이는 세계였다. 이 세계는 어느 경우든 농촌 및 도시 중간층의 아래쪽에 자리한 거대하면서도 빠르게 성장하는 사회 영역 안에 있었다.[86]

하지만 완전히 발전한 임노동은 서구에서 19세기와 20세기에야 대중적인 현상이 되었다. 세계 여타 지역에서도 마찬가지다. 서구에서 이때 도움이 된 것이 이런저런 방식으로 부자유 노동을 안정시켜온 전통적 질서의 철폐였다. 그것은 혁명이나 전쟁을 통해 관철되기도 했지만(프랑스, 미국, 하이티), 대개 개혁을 통해 관철되었고, 그러고 나서도 수십 년을 질질 끈 과정이었다. 몇 가지 거론할 만한 것은, 우선 노예무역의 폐지(1808년 이후), 그다음으로 노예의 폐지이며, 법적으로 지지되었던 "연한 노동계약"의 불법화(1820년대 이후 미국에서)이다. 연한 노동계약은 말하자면 기간제 하인 신분으로서, 선지불된 운송

비용(가령 대서양 횡단 여행을 위한)을 노동으로 갚기 위해 계약으로 노동자에게 의무 지워진 것이다. 그리고 농민 해방과 농노제 철폐(1861년 이후 러시아에서 마지막으로) 및 "영업의 자유"가 관철되는 길에서 이루어진 동업조합 질서의 폐지 또는 약화도 거론할 수 있다. 이 배경 앞에서 임노동은 점진적으로 관철되어 가던 자본주의 원칙들과 손을 잡으며, 대개 매우 점진적으로 전진해갔다. 말하자면 때때로 오랫동안 존속하던 혼합 형태들을 통과해나간 것이다. 여타 노동 및 사회 관계에 착근된 임노동은 오랫동안 오히려 순수한 "임노동"으로서의 규칙이었다.

"연한계약이민노동자"의 "기간제 하인 상태"가 그 같은 혼합 형태이다. 그중에서 아시아 출신의 반자유노동자 "쿨리Kuli"가 특히 중요했다. 그들은 대개 아시아, 아메리카, 아프리카의 열대 및 아열대 지역에서 1860년 이후 새롭게 확장된 플랜테이션(설탕, 고무, 담배 등)에 투입되기 위해 먼 거리를 운송되어 왔다. 다른 사례는 미국 남부 주들, 라틴아메리카, 서아프리카에서 소유주로부터 기업가에게 임대되어 한시적으로 임금을 받으며 노동했던 임대 노예들이다. 임금의 일부는 소유주에게 돌아갔다. 러시아의 농노들 역시 때로 주인의 주문에 따라 임노동자로서 고용되었다. 19세기 남아프리카의 다이아몬드 광산에는 "폐쇄 숙박소closed compound"가 설치되어 광부들이 감옥에 갇히듯 유폐되었다. 이는 임노동과 강제 노동이 혼합된 사례이다. 무엇보다도 선대제하의 수백만 유럽 노동자를 기억해야 한다. 이들은 근본적으로 임노동을 수행했지만, 그것은 언제나 가족 집단 내에서 그리고 자기 집의 벽 안에서 이뤄지는 전통적 가내노동 형태로 수행되었다. 선대제 노동은 대개 농촌에서 이루어졌지만, 1870년 이후 점점 대도시에서도 발생했다. 이 도시에서는 의류 및 여타 기성복 상품들이 일반적으로 중간 업자의 억압적 감독과 암울한 노동조건하에서 여성과 아동에 의해 가내공업으로 생산되었다. 1900년 무렵의 뉴욕, 파리, 베를린의 착취공장sweatshop을 생각해보면 된다. 프로이센과 여타 독일 주에서는 1918년까지 법률적으로 보증된 하인 신분이 존속했다. 이는 농업 노동자와 가내 고용인이라는 큰 부문의 자유를 제한하였다. 그럼에도 불구하고 하인, 하녀, 시종은 점진적으로 특수한 종류의 임노동자가 되었다. 임노동이 한 요소로 등장하는 여타 혼합

관계도 거론할 수 있을 것이다. 그렇지만 임노동적 요소는 오랜 시간을 거치며 관철되었다.[87]

거대 공사 현장 이외에 무엇보다도 공장제 공업과 광산업 안에서 그리고 이 업종들을 통하여 임노동은 대중적인 현상이 되었다. 이 영역이 1차 산업화 국면 동안 과도하게 성장한 것, 여기서 노동자들이 대규모로 밀집되어 등장한 것, 여기서 활동했던 대소 기업들에서 특히 앞서 기술된 소유자 자본주의에서 경영자 자본주의로의 이행이 발생한 것이 그 이유의 전부는 아니다. 도리어 산업 기업의 구조에 원인이 있었고, 아울러 이 기업들과 사회적 환경의 관계가 관건이었다. 공장과 광산에서 임노동은 노동인구의 가계로부터 공간적으로 분리된 채 발생했다. 게다가 중요한 것은 분업, 구상과 실행의 분리, 보다 더 합목적적인 공정을 갖추고 그에 상응하는 규율을 요구한 기업들이었다. 특수한 시간 구조에의 적응은 그 일부였다. 그럼으로써 노동의 영역은 공간적으로나 시간적으로 여타 생활 영역으로부터 전보다 더 분명하게 거리를 두게 되었다. 그 자본주의적 논리는 독자적으로 펼쳐질 수 있었다. 여기서 임노동은 상대적으로 순수한 형태로 발전했다. 노동인구가 임노동 그 자체를 체험할 수 있게 되었다. 임노동은 노동자들의 분화를 뛰어넘어 노동인구를 결합하며, 그들을 경영진으로부터 구별하는 어떤 것으로서 체험되었던 것이다. 자본과 노동 사이에 한편에는 협력이, 다른 한편에는 대립과 긴장이 존재한다는 사실도 체험되었다. 이 대립과 긴장은 한편으로는, (가령 임금과 노동시간을 둘러싼 논쟁에서는) 생산물의 분배 문제에 관한 것이었고 다른 한편으로는, 예컨대 노동조직이나 자율성 그리고 훗날의 공동 결정에 관한 논쟁에서는 권력과 상하위 질서의 문제가 관건이었다. 물론 근세 초 매뉴팩처와 광산에 얼마 되지 않는 선행 사례가 있었다. 그러나 앞서 언급된 견지에서 보자면 직물 공장, 탄광, 철강 공장, 기계 제작소의 "대공업"이 어느 정도 새로운 것이었다. 그것은 일정한 휴지기를 거치며 일상의 공간, 시간, 경험 가능한 조직체로부터 분리되었다. 그런 이유로 그것은 동시대인들의 관심을 끌었다. 이들은 그 새로운 것에 매혹되거나 그것을 두려워하였다. "대공업"은 19세기 중반 이후 일어났던 "자본주의"에 관한 토론의 중심 주제가 되었다. 이 산업자본주의는 또한 마르크스의 개념과

시각이 형성되는 데에 중요한 역할을 했다.[88]

　1차 산업화 국면에서 노동자들은 공장 공업 안팎에서 가장 가혹한 착취, 극단적으로 긴 노동시간과 저임금, 혹독한 규율, 결핍과 궁핍에 시달렸다. 광산 지하 통로에서의 아동노동, 기계화된 방적 공장의 방적기 테이블 옆에 똑같이 배치된 젊은 여성들의 긴 대열, 급팽창하는 도시 노동자 거주 지역에 밀집된 임대주택의 컴컴한 지하실에서의 거주, 게르하르트 하우프트만Gerhart Hauptmann*이 연극 무대에 올린, 슐레지엔 직공들이 절망 속에서 일으킨 봉기, 이것이 집단 기억에 새겨진 비참함과 자본주의적 착취의 양상이다. 이 글에서는 그 개개의 양상을 추적하지는 않는다. 이는 노동관계와 생활 관계의 점진적인 개선 추세를 추적하지 않는 것과 마찬가지이다. 착취와 빈곤의 영역들이 존속하거나 새로이 생겨났음에도 불구하고, 이 개선 추세는 산업화가 진전됨에 따라 세계 대부분의 지역에서 나타났다. 비록 위기와 전쟁을 통해 여러 차례 중단되기는 했지만 말이다. 노동 세계 및 사회와 정치에

---

* 1862. 11. 15.~1946. 6. 6. 독일의 자연주의 극작가이자 소설가 ― 옮긴이

서의 많은 노력과 갈등, 혁신과 개혁에 따라 임노동은 심층적으로 변화했다. 많은 부분에 관해서 논쟁이 계속되고 있지만, 기업 경제를 통해 결정되는 대규모 핵심 분야에서는 20세기의 삼사분기까지 많은 발전이 이루어졌다. 예컨대 가족 임금*을 목표로 한 소득 증가가 있었고, 결정적으로 노동시간이 단축되었다(이와 더불어 노동강도가 더 확실하게 강화되었지만). 아울러 해고 · 사고 · 질병 · 고령의 경우 보장된 권리로써 위험에 대한 보험금을 받게 되었으며, 아울러 개별적 · 집단적 노동권이 높은 수준으로 관철되었다. 이렇게 발견된 사회적 합의를 위해 채택된 긍정적 의미의 표현이 "정상 노동관계"이다. "정상 노동관계"라고 해서 지난 수백 년간의 노동관계가 정상이었다는 뜻은 아니다. 그것은 정상과는 완전히 다른 것이었다. 그것은 세계적으로 볼 때 오늘날까지도 예외이며, 그것이 관철된 곳에서도 최근의 추세 때문에 의문시되고 있다.[89] 여기서 "정상 노동관계"를 약간이라도 더 실현해 주었던 발전들 중 가장 중요한 세 가지 동력을 간략히 거

---

* Familienlohn. 노동자의 연령과 가족 수 등을 고려하여 적절하다고 평가된 임금 수준을 말함. 사회임금의 일종 – 옮긴이

론한다. 그것들은 본질적으로 임노동과 관계되어 있다.

(1) 기업의 생산성이 향상되었다. 생산성 향상은 앞서 거론된 개선을 처음으로 가능하게 했다. 하지만 이를 임노동 없이 생각하기는 어려울 것이다. 임노동만이 예전에 지배적이었던 구속된 노동 형식과 달리 유연성을 가졌기 때문이다. 자본주의적으로 계산하는 기업 경영진이 기업의 목표와 관련하여 노동력을 최적으로 모집하고, 재편하고, 때에 따라서 해고할 수 있게 해주는 것이 이 유연성이다. 하지만 동시에 유연성의 "비용"(해고의 경우와 같은)은 기업으로부터 사회에 전가된다. 게다가 진전된 산업화 단계에서 수많은 기업 경영진은 생산성 향상에 관심을 쏟던 와중에, 노동시간을 단축하고, "노동력"이라는 자원을 세심하게 취급하고, 노동자의 요구를 어느 정도 인정하는 편이 기업 성과에 도움이 된다는 것을 발견했다. 스코틀랜드의 로버트 오웬Robert Owen*이나 예나의 에른스트 아베Ernst Abbe** 같은 박애적·사회 개혁적 사상을 지

---

* 1771. 5. 14.~1858. 11. 17. 영국의 사회 개혁가로서 공상적 사회주의와 조합 운동의 창시자. - 옮긴이

** 1840. 1. 23.~1905. 1. 14. 독일의 물리학자이자 광학자. 카를 차이스Carl Zeiss 사의 경영을 맡아 다양한 개혁 정책을 실행. - 옮긴이

로버트 오웬

닌 기업가들은 언제나 존재했다. 이 같은 기업가들만이 아니라 냉정히 계산하는 경영자와 자본 소유주 역시 그들의 기업에서 좀 더 노동의 개혁자가 되었다. 직원의 숙련도에 대한 요구가 높았던 분야에서 특히 그러했다.

(2) 하지만 이것만으로는 충분하지 않았을 것이다. 따라서 두 번째 추진력인 국가의 개입이 첫 번째만큼 중요했다. 국가기구는 법률, 법령, 통제를 통해 노동 세계의 폐해를 극복하고 노동자들에게 권리를 보장하고자 준비했다. 그렇게 된 데에는 많은 동기가 있었지만, 한 가지는 임노동이 획득했던 공개적 가시성과 관계된다. 집 안에서, 농장에서 또는 그 외의 전통적 관계 속에서가 아니

라, 그로부터 분리되어 공장 또는 광산에서 발생했을 때 임노동은 가시성을 얻었다. 가령 아동노동은 수 세기에 걸쳐 명확히 농업 사업체와 영업적 가내노동의 일부로서 존재했지만, 가족과 가계에서 분리되면서 특히 교육학적 공론에서 인지되고 비판받는 문제가 되었다. 그것은 문제를 정치화하고 국가의 아동노동 금지를 이끌어내는 데 크게 이바지했다. 아동노동 금지는 가령 프로이센에서는 1839년 이래 몇 단계를 거쳐 관철되었으며, 산업적 아동노동의 소멸에 결정적으로 기여했다.[90] 자본주의에서의 공론과 국가 개입이 맡는 역할은 다음 절에서 다룬다.

(3) 마지막으로 노동운동에 관해서이다. 더 깊은 관점에서 보면 임노동은 자유롭지 않다. 임노동 관계가 사회적으로 수용되고 나니, 그것이 노동인구에게 가져다준 것은 자유가 아니라 복속과 규율였다. 중요한 것은 아니지만, 생산수단의 비소유를 자유의 "증명"이라고 표현한다면 그것은 경박하거나 냉소적으로 보일 수 있을 것이다. 그러나 강제 노동자, 노예, 농노, 연한계약이민노동자, 종복, 조합에 구속된 수공업 직인들과 달리 임노동자는 자유롭다. 노동자가 비경제적 강제로부터 자유로이 노동

관계를 맺고 끊을 수 있는 한, 그리고 노동관계가 온전한 인간 노동자의 부역 수취가 아니라 수행되어야 할 노동을 대략적으로라도 기술하고 그것을 조달하여 이용하는 것과 관계되는 한 임노동자는 자유롭다. 예전에 지배적이었던 구속된 노동의 변이와 비교할 때 이는 임노동에서의 자유로운 요소이다. 이 요소를 시선에서 놓쳐서는 안 된다. 고용주─피고용인 관계가 비대칭적으로 구성되어 있음을 당연히 강조하더라도 그러하다. "자유" 노동과 "부자유" 노동이 원칙적으로 구별되기보다는 오히려 수많은 일상적인 노동의 작용과 관계되면서 점진적으로 구별된다는 점을 부각시키더라도 마찬가지이다. 비경제적 강제로부터의 자유가 자본주의적 산업화의 노정에서 점진적으로 관철되었으며, 잘 알려졌듯이 20세기의 전쟁과 독재에서 대량의 강제노동을 통해 거듭 후퇴했지만, 임노동에서의 자유로운 요소를 시야에서 놓쳐서는 안 된다.

임노동자의 자유는 그의 능력을 통해서 직접 표현되었고 지금도 표현된다. 이것은 개인적으로나 집단적으로 스스로를 방어하고, 또는 ─ 훨씬 빈번히 ─ 개선을 위한 요구를 표현하고 관철하는 능력을 말하는 것이다. 자주적인 노동운동은 자본주의에서만 강해질 수 있었다. 이는 19세기 산업자본주의에서 임노동이 공장에서도 대중적인 현상이 되었을 때 최초로 나타났다.

체계적으로 말하자면, 노동운동의 동력은 세 가지 도전으로 활성화되었다. 한편으로 노동운동은 자본주의 경제 양식이 관철되면서 규칙적으로 증가하는 불안정으로부터 스스로를 보호하려는 시도에서 생겨났다. 부조금고, 생산조합, 우애 협회를 생각해보면 된다. 다른 한편으로 노동운동은 이미 거론된, 자본-노동관계에 내재하는 분배 및 지배 갈등에서 생겨났다. 이는 자발적으로 발생했거나 조직되어 일어났던 수많은 저항과 요구들, 무엇보다도 파업에서 분명해졌다. 마지막으로, 확대되어가는 자본주의에 반하는 관습적 비자본주의 노동과 생활 형태를 방어함으로써 노동운동은 동력을 얻었으며 지금도 얻고 있다. 산업화, 경쟁, 성장의 자본주의 논리에 반하는 "도덕 경제moral economy"라는 문화 원칙을 방어(충분한 식량 원칙과 "공정가격"을 강조함으로써)하며 동력을 얻었듯이 말이다.[91] 이 타격 방향은 변화된 형태로 오랫동안 유지되어왔으며, 근본적으로는 오늘날까지도 최저 임금을 위한 투쟁에서 유지되고 있다. 또한 이것은 카를 마르크스의 소외 문제 비판에서 잘 드러났듯이 자본주의에서 노동의 일상화, 저급화, 도구화, 상업화에 반대하는 공정하고 인간적인 노동의 방어 또는 요구로서 유지되는 것이다.

그로부터 19세기와 20세기 초에 가장 중요하다고 할 만한 유럽의 저항운동과 해방운동이 발전하여 정치와 사회의 민주화에 크게 기여했다. 비록 20세기에 한편으로는 (내적으로 다양한) 사회민주주의 분파 그리고 다른 한편으로는 공산주의·전체주의 분파로 분열되었고, 후자는 결국 신뢰를 상실했지만 말이다. 노동자 요구의 압력은 기업에서, 파업에서 나타났으며, 노동조합을 통해, 아울러 정치에서도 표출되었다. 이 압력은 노동관계의 개선에 기여했고, 이로써 자본주의의 문명화에 기여했다고 말할 수 있다. 이 연구에서는 수행되지 않았지만, 역사적 비교를 통해 분명해지는 것은, 이 같은 유형의 노동자 운동이 자본-노동의 긴장 관계로부터 필연적으로 생겨나는 것은 아니라는 점, 그리고 그것이 일련의 장기적인 문화적·정치적 전제들을 가지고 있다는 점이다. 이 전제들은 19, 20세기에 유럽 대부분의 지역에 풍부히 존재했지만 오늘날에는 그만큼 존재하지 않으며, 여타 세계 지역에서 반드시 발견되는 것도 아니다. 예컨대 오늘날 중국의 임노동자들은 상업화, 자본주의적 도구화, 이향離鄕, 착취를, 1차 산업화 국면에서 유럽 노동자들이 겪었던 것에 비할 수 있을 만한 방식으로 체험하고 있다. 그것도 시간적으로 압축된 형태로, 따라서 특히 변혁적으로 체험하고 있다. 그러므로 그들 역시 저항하며, 그들 중 매우 많은 수가 매일같이 봉기한다. 하지만 통상 지방 차원에서 나타나는 행위들(작업장에서의 저항과 청원, 파업과 보이콧, 바리케이드, 농성)은 여전히 부분적 독재인 인민공화국에서 초지방적, 초지역적 저항 및 해방운동에 아직 합류하지 못하고 있다.[92]

그 미래를 예견하기는 어렵지만, 임노동 역사상 새로운 두 가지 발전을 언급하지 않을 수 없다. 한편에서 자본주의의 금융화에 병행하여 그리고 기술 및 시장 조직 변화의 결과로서 지난 몇 년 이래 시공간에 걸친 노동과 임노동의 단편화가 관찰되고 있다. 1970년 서독에서 풀타임 근로자의 수와 파트타임 근로자 내지 단기 근로자,

기간제 근로자 및 미니잡Mini-Job 근로자* 수의 총합 간의 관계는 대략 5 대 1에 달했다. 그 수치는 1990년 4 대 1로 바뀌었고, 오늘날 2 대 1이 되었다. 이미 모든 노동자의 3분의 1이 파트타임이나 기간제로 일하거나 파견 노동자로서 또는 미니잡에서 일하고 있다. 직업적 노동의 탄력성과 노동관계의 유동성이 증가하고 있다. 개인에게 노동 유연성을 무리하게 요구하는 경우가 상승하고 있다. 작업장은 19세기에 처음 획득했던 선명한 구획을 잃고 있다. 새로운 통신수단으로 말미암아 새로운 형태의 가내노동이 등장했다. 노동시간과 자유 시간 사이의 회색지대에서 파트타임 및 자율 출퇴근제와 함께, 자유의 새로운 기회 및 새로운 종속성과 함께 새로운 시간 제도가 생겨났다. 이 발견들을 각각 구별하여 판단해야 한다. 이런 의미에서 모든 "이례적" 고용 관계가 불안정한 것은 아니다. 특히 모든 파트타임 근로관계가 불안정하지는 않다. 의심할 바 없이 노동관계의 용해 또한 새로운 기회를 담고 있다. 예컨대 영업 노동을 여타 활동과 연결할

---

* 독일에서 2003년에서 2004년에 걸쳐 노동시장 개혁 정책의 일환으로 도입된 비정규 단기 일자리 – 옮긴이

기회, 노동과 자유를 결합할 기회, 직업과 가정을 일치시킬 기회 같은 것 말이다. 다른 한편, 노동관계의 유연화 및 단편화가 개인의 정체성과 사회적 응집력을 위협적으로 침식할 것이라는 우려가 있다. 19세기 이후 "서구"의 노동 사회에서 그랬던 것처럼, 개인의 정체성과 사회적 응집력이 지속적인 노동에 근거하는 한 말이다. 어떤 경우든 노동의 결합력, 즉 사회적으로 구조화하고 문화적으로 결합하며 사회화하는 노동의 힘은 최근 감소된 듯 보인다.[93]

마지막으로 최근 급격히 산업화된 "남반구" 지역의 자본주의와 임노동을 살펴보자. 남반구에 존재하는 매우 다양한 형태의 임노동은 대개 "비공식적" 그리고 "비표준적"이라는 범주에서 연구되고 토론되었다. 그 범주들이 의미하는 것은 그다지 규제되지 않고, 거의 법률적으로 규정되지 않은, 그럼으로써 종속적이고 변동이 심한 지위에서 거의 보호받지 못하는 취약한 노동의 여러 형태들이다. 그것은 유랑 노동, 계절노동, 임시 노동을 포함한다. 대개 보수는 대단히 낮으며, 극단적으로 종속되어 있다. 그리고 대부분 가족을 통해 소개받는 여타 활동 및 소득 유형과 결합되어 있다. 한 가지 활동만으로는 생존할 수 없기 때문이다. 당연히 자본주의의 영향을 받는 이 임노동 유형을 가장 불안정한 유형이라고 간주할 수 있다. 이 노동은 남녀 양성의 노동력(특히 빈번히 여성)에 의해, 아울러 수많은 아동들에 의해 수행된다. 노동은 수출을 위해 세워진 농장과 식품 업체, 공방과 공장에서 수행된다. 매우 상이한 서비스를 위해, 때로는 슬럼가에서, 현저히 불안정한 조건에서, 불평등이 크게 증가하는 가운데 수행되는 것이다. 기업가, 사업체, 공장 ― "북반구"에 권력 중심을 둔 다수의 다국적 콘체른 ― 은 의도적인 "아웃소싱"을 통하여 이 불안정한 노동관계의 증가에 이바지했다. 그들은 때때로 중간 계약자, 하청업자, 에이전트들의 도움을 받아 노동력을 공식적으로 고용하지 않은 채 이용했다. 여기서 법률적 보호 규정이 존재해도 환영받지 못하며, 종종 우회되거나 무시된다. "비공식적" 노동자의 범주를 구분하기는 어렵다. 그것은 양적으로도 거의 파악되지 않는다. 대략 세계적으로 수억 명이 존재하며 증가 추세에 있다고 말할 수 있다.[94]

19, 20세기 계급사회에서 "노동문제"는 분노를 끌어내

고 급진적 저항을 일으키며 사회를 뒤흔든 특성을 지녔다. 그러나 독일 같은 나라에서 이 특성은 오래전에 사라졌다. 노동자계급의 빈궁화 및 노동의 소외에 대한 비판은 오랫동안 자본주의 비판의 중심에 있었지만 독일에서는 오래전부터 그렇지 않게 되었다. 그렇게 변한 원인은 우리의 머릿속을 지배하는 정신적 지도가 국가 및 사회적으로 단편화된 데에 있다. 실제로 지구적인 시각을 도덕적 양심, 사회적 참여, 정치적 요구의 기초로 만들어낼 수 있다면(이것은 물론 여기 북반구에 있는 우리들의 몸에 밴 습관뿐만 아니라 중요한 이해관계에도 위배될지 모른다), "노동문제"는 이제 "남반구"의 노동문제로서 금세 다시 등장할 것이다. 그것은 해결하기 어려운 도덕적 · 도전적 · 사회적 문제이지만 절망적이지는 않을 것이다. 역사적으로 비교해보면 세 가지를 주목할 수 있다.

(1) "비공식적" 또는 "비표준적"이라는 노동의 범주화는 항상적이고, 규제되며, 법률적으로 규정되는 노동 모델과의 대비에 근거한 것이다. 그것은 "공식적" 또는 "표준적"이라고 상정되는 노동이다. 하지만 이 세칭 "표준"은 대부분의 남반구 사회에서 극히 적은 현상일 뿐만 아

니라, 북반구를 포함하는 역사적 비교에서 보아도 역시 예외적이다. 그것은 20세기에서조차 곳곳에서 "정상적"이지 않으며 기껏해야 규범이 되었을 뿐이다. 이를 진지하게 받아들인다면, "비표준적"과 "비공식적"이라는 범주를 문제 삼지 않고 지나치기는 어렵다. 하지만 그 범주를 대체하기는 쉽지 않다.

(2) 남반구의 상황은 산업자본주의의 발흥 국면에서 유럽과 북아메리카에는 없던 부담스런 문제를 지적한다. 그것은 무엇보다도 현장에서 수행되는 노동의 대부분이 다국적 체인망과 콘체른에 억압적으로 종속되어 있는 상황을 가리키며, 그와 결합된 남반구 생산자들과 북반구 소비자들 (및 가공무역업자들) 사이의 탈식민적 불평등을 가리킨다. 하지만 보수가 열악하고, 보호받지 못하며, 불안정한 유형의 "비공식적" 임노동은 유럽에서도 계속 있었다. 그것은 18, 19세기에는 대중적인 현상이었으며, 20세기 후반에도 일부 남아 있었다. 하지만 그것은 규제된 임노동 형태에 의해 축출되었고 무엇보다도 사회적으로 그 위험이 뚜렷이 완화되었다. 이를 위한 전제는 우선 경제성장이었다. 다른 한편, 임노동이 기업에서 자본주의

내적으로 제도화된 것이 그렇게 되는 데에 이바지했다. 여기에는 노동운동으로부터 비롯된 압력도 비중이 컸지만, 무엇보다도 법률·법령·국가적 통제가 결정적인 역할을 했다.

(3) 전 세계적으로 그리고 경제적으로 가장 발전한 사회에서도 자리 잡은 비공식화 경향과 함께 이 비공식적 노동의 세계를 살펴본다면(4장 4절 참조), ― 1970년대 이후의 자본주의 금융화에 병행하는, 그리고 그와 결합한 ― 임노동의 "비공식성" 내지는 "비공식화"는 쉽게 사라지지 않을 지구적 과제라는 점을 이해하게 될 것이다. 마지막으로 그것은 금융화와 마찬가지로, 디지털화된 전 세계적 소통 조건하에서 더욱 지배적으로 되어가는 시장 원칙이 더 많은 경제 및 사회 영역에서 더 관철되고 적용된 결과이다. 그로부터 주어진 거대한 사회문제들은 국가의 강력한 개입이 없다면 완화하기 어려울 것이다.

5.
시장과
국가

자본주의를 둘러싼 논쟁에서 국가와 시장은 대개 대립 개념으로 해석된다. 그렇게 볼 만한 이유가 몇 가지 있다. 실제로 시장 행위와 국가−정치적 행위는 서로 다른 논리에 묶여 있으며, 민주주의 시대에는 특히 그렇다. 그 행위들을 정당화하는 토대는 서로 다르다. 즉 한쪽에서는 불평등하게 분배된 소유권이, 다른 쪽에서는 평등한 시민권이 토대가 된다. 또한 그 행위들은 서로 다른 절차를 따른다. 한쪽에서는 교환 절차를, 다른 쪽에서는 합의 형성과 다수결을 목표로 하는 논쟁 절차를 따른다. 시장 행위에서는 화폐가 가장 중요한 매개체이지만, 국가−정치적 행위에서는 권력이 그것이다. 시장 행위에서는 특수한 이점의 이용이 명확한 목표가 된다. 그럼으로써 일반적 효용에 간접적으로 도움이 된다고 애덤 스미스를 인용하여 주장할 수 있겠지만 말이다. 그와 반대로 일반적 복지의 현실화는 정치의 목표이다. 그 내용은 분명히 정치적 과정 속에서야 형성된다는 것이 분명하며, 특수한 이익의 이용은 민주주의적 결정 과정의 틀 안에서 정당하다고 인정될 것이지만 말이다. 18세기 이래 자유주의 헌법 질서가 양 영역의 제한적 독자성을 정립하였다. 그것은 정치권력의 행사를 처음에는 법치국가적 토대와, 그다음에는 민주주의적 토대와 결합했지만, 경제적 자원과 바로 결합하지는 않았다. 그러나 그 헌법 질서는 동시에 소유권과 그로부터 파생되는 모든 것을 기본권으로서 안전하게 지켰고, 그럼으로써 소유권의 핵심이 정치적·국가적 권력의 간섭에서 벗어나게 했다. 시장과 국가의 관계를 상이하게 구현해낼 합헌적 여지도 그만큼 크게 남았다. 입헌국가에서는 정치권력과 소유권에서 나오는 경제적 자원이 서로를 제한한다. 이는 권력분립의 매우 원칙적인 측면으로서 자유의 보장에 이바지

하는 것이다.[95]

(더 많은) 국가와 (더 많은) 시장 간의 대립이 논쟁의 주요 주제가 되는 정치적 형세는 거듭 존재해왔다. 냉전기의 국가 주도형 중앙통제 경제와 자본주의적 시장경제 간의 시대적 갈등이나, 1980년대 이래의 "신자유주의", 탈규제화, 민영화를 둘러싼 논쟁에서 그랬듯이 말이다.

그럼에도 불구하고, 시장과 국가를 전적으로 대립 개념으로만 이해한다면 그것은 오류일 것이다. 도리어 앞의 서술이 보여주는 것은 시장과 국가, 경제와 국가정책 간의 일정한 제도적 분화가 모든 자본주의 형태의 전제에 속한다는 점이다. 하지만 다른 한편으로 시장과 국가, 경제와 국가정책 간의 긴밀한 결합이 역사적으로 일반적이었다는 점을 보여주기도 한다. 일련의 사례를 언급해보면, 우선 중세의 대은행가와 세속 및 교회 지배자들 사이의 거의 공생적인 관계를 생각할 수 있다. 근세 초 유럽에서는 국가와 시장이 서로 긴밀히 연결되어 형성되었으며, 19세기와 20세기에는 국가가 임노동의 사회적 통제에 개입했다. 최근에는 자본주의 금융화의 결과로서 국가 개입에 대한 요구가 커졌다. 1950/60년대 이래 동아시아의 "네 마리 호랑이 국가"*에서 자본주의가 관철되고 확대되는 데에도 국가정책의 역할이 컸다. 그리고 최근 중국과 러시아 국가기관의 반*독재적 권력도 언급될 수 있다.

무엇보다도 서구에 시선을 두면 19, 20세기에 기간이 서로 다른 세 가지 국면을 구별할 수 있다.[96] 그리고 현재 네 번째 국면이 시작된 듯 보인다. 근세 초에는 애덤 스미스가 분연히 반대했던, 시장과 국가의 긴밀한 착종이 있었다. 그것에 뒤이은 것은 시장과 국가의 상대적 분리 국면이었다. 이 국면은 영국에서는 18세기 이후 나타났으며, 유럽 대륙에서는 19세기로의 전환에 즈음한 혁명과 개혁기의, 결과적으로 자유주의적이었던 변혁 이래로 나타났다. 1870/80년대까지 국가는 경제정책적, 사회정책적 개입을 자제한 반면, 시장경제의 자가 구동적 동력을 한편에서는 장려하고 다른 한편에서는 방임했다. 그 수십 년 동안 일부에서는 처음 자리 잡았지만 다른 곳에서는 힘차게 개화해가던 국민국가가 이를 위한 내적,

---

* 한국, 홍콩, 싱가포르, 대만 — 옮긴이

외적 형성력을 실제로 뚜렷이 획득했다. 취약한 "야경국가"라는 말을 한다면 그것은 완전히 오류이다. 국가는 경제적, 사회적 발전에 현저히 기여했다. 사회 기반 시설과 교육제도의 확충을 생각해보면 된다. 그것은 시장 세력의 자유로운 게임에 맡겨지지 않았다. 하지만 자유무역이라는 이름하의 경제 자유주의적 탈규제 정책은 대개 소기업들 사이에 있던 거의 통제되지 못한 경쟁 그리고 아직까지 매우 약했던 노동자들의 조직률에 어울리는 것이었다. 최초의 "공장법Fabrikgesetz"이 (1833년 영국에서) 나타났지만 국가의 복지 지원은 최소한에 머물렀으며, 모든 사람에게 유용한, 개인의 자유에 대한 자유주의적 신뢰는 강했다.

이 같은 경향은 1870/80년대에 변했다. 그 변화는 한편에서는 심각한 국제적 위기에의 대응이었으며, 다른 한편에서는 증가하는 사회적 갈등, 특히 조직화된 노동운동의 성장에 대한 반응이었다. 게다가 그것은 낡은 소유자 자본주의를 점점 더 보완하며 발흥하던 경영자 자본주의에서의 집중, 결합 및 철저한 조직화 경향에 어울리는 것이었다. 국가 부처는 이제 다시 경제와 사회에 강하게 개입했다. 이는 재차 증가하는 경제정책적 개입(가령 국유화)과, 공공 지출 비율의 증가로 나타났다. 아울러 제국주의가 관철되면서 이루어졌던 비경제적 발의(관세정책, 국가보조금, 경제적 목적을 위한 것이기도 한 세력권과 식민지 설치)에서, 무엇보다도 1880년대 이래 시작된 사회국가의 발흥에서 나타났다. 역으로 경제적, 사회적 이익집단들이 더욱 조직화되어서, 그들의 단체와 대표자들을 통해 정치에 영향력을 행사했다. 선행 국면에서 보였던 시장과 국가의 경제 자유주의적이며 상대적인 거리를, 이제 "조직" 원칙이라는 이름하에서 수십 년에 걸쳐 더 촘촘해진 시장과 국가의 상호 의존이 대신하게 되었다. 이와 관련하여 "조직" 또는 "수정" 내지는 "통제" 자본주의가 언급된다. 그 토대는 이미 1914년 이전의 수십 년간 마련되었다. 제국주의 시대 현상 속에서의 경제적 팽창정책과 정치적 권력 확장 정책의 긴밀한 교착과 관련해서 말이다. 1890년대 이후 긴장으로 가득 찬 제국주의의 발흥은 제1, 2차 세계대전에 결정적으로 기여했다. 전쟁은 모든 참전국에서 자본주의의 잘 짜여진 비非시장경제적 조직을 폭발적으로 촉진했다. 물론 그 일부는 일시적이었다.

양차 세계대전 사이의 보호무역주의는 고전 자유주의적 자유무역 시대와의 거리를 한 번 더 확대했다. 1930년대의 세계경제 위기는 경제와 정치에 대한 국가의 개입 성향을 새로이 강화했다. 그것은 유럽과 일본의 독재국가에서는 심하게 비민주주의적인 방식으로, 미국의 뉴딜New Deal 정책에서는 민주적—사회국가의 형태로 진행되었다. 뉴딜 정책은 1930년대 이후 미국에서도 사회국가의 토대를 부각했다. 제2차 세계대전 후 전시경제적 강제 조치가 철폐되고 보호주의의 외피가 점차 벗겨졌지만, 달리 보면 — 사회국가와 노동 입법의 확충, 조직된 이해관계들과 국가의 협력, 점점 더 케인스적인 요구를 받아들인 국가 경제정책, 국유화 부문과 국가 개발계획의 큰 지분, 국가 간 조정을 위한 지구적 차원에서의 접근 등 — 20세기의 삼사분기는 조직 자본주의의 전성기였다. 시장과 국가의 이 강력한 연계는, 낡은 경제 자유주의 및 소련 헤게모니하의 중앙통제 경제체제와 이중으로 구획을 지으면서, "혼합경제 질서"에 관해 언급할 계기를 제공했다. 중앙통제 경제체제는 시장이 수행하는 탐색 · 발견 · 할당 기능을 대체로 포기했으며, 이는 장기적으로 그 체제에

손해가 되었다.[97]

1970년대 말 이후에는 그와 반대로 "부활한 시장 자본주의"(제임스 풀처James Fulcher)의 국면이 시작되었다. 그것은 시장의 자기 조절 능력을 높게 평가하는 "신자유주의" 이론을 통해, 목표로 삼았던 탈규제 및 민영화의 추진력을 통해, 일정한 사회국가적 성취의 철폐를 통해 앞선 수십 년간의 주요 경향을 전복했고, 동시에 조직된 노동자들로부터 자본 측으로의 무게 이동을 야기했다. 의심할 바 없이 1970년대의 경제 위기가 이런 전환의 원인이 되었다. 그 위기는 대량 실업과 통화가치 상실("스태그플레이션Stagflation")이라는 이중의 문제와 함께, 그때까지 지배적이었던 수정자본주의 체제가 지닌 문제 해결 능력의 한계를 확실히 보여주었다. 덜 분명하지만 더 원칙적인 원인으로는 지구적 경쟁의 급속한 증대를 들 수 있다. 그것은 고임금과 고노동비용의 구 산업국들에게 상당한 압력을 행사했다. 덧붙이자면, 앞선 수십 년의 수정자본주의가 기능하기 위한 전제는 어느 정도의 사회적 합의 능력이었다. 이런 사회적 합의 능력은 몇몇 나라에서 점점 더 축소되었는데, 가령 1970년대 말 이후 미국과 함께 빠

르게 신자유주의적 전환을 이끈 영국에서 그랬다. 시대
정신 역시 변화했다. 조직과 연대를 지도적 가치로 삼은
시대에서 개인화와 다양성과 자발성을 높이 사는 시대
로 변했다. 이에 어울리는 것이 바로 소비 자본주의의 성
장이었다. 동구권의 붕괴는 시장경제의 우월함을 입증한
것으로서 해석되었다. 게다가 그것은 비자본주의적 대안
의 거대한 도전을 없앴다. 그 대안의 도전이란 냉전 시기
에 자본 측 대표들과 정치 활동가들 사이에서 더 급진적
인 변화를 막기 위해 노동자들의 요구를 더 존중하고 더
사회적인 시장경제로의 발전을 함께 이끌고 나가기 위한
준비 태세를 제고했던 대안의 거대한 도전을 말한다.

물론 현실에서는 국가가 축소되지 않았고, 완전히 그
반대였다. 유럽 대륙 그리고 무엇보다도 동아시아에서
는 영미식 신자유주의 모델을 따르기를 주저했다. 예컨
대 독일에서 사회복지사업의 철폐는 20세기 마지막 10년
과 21세기 첫 10년 동안에도 매우 좁은 범위로 제한되었
으며, 그렇게나 회자되던 신자유주의적 "전환"은 결코 일
어나지 않았다. 다른 곳과 마찬가지로 독일에서도 자본
주의의 신자유주의화에 반대하는 저항이 끊이지 않았으

며, 공공 지출 비율은 높아졌다. 하지만 탈규제는 무엇보다도 금융 경제의 영역에서, 관철돼가는 금융화의 일부로서 국제적으로 기반을 확보했다.[98]

2008년 이후 국제 금융 위기가 "부활한 시장 자본주의"의 국면을 종식시켰는지를 알려면 아직 더 기다려야 한다. 위기는 신자유주의의 지적, 정치적 정당성을 뒤흔들어놓았다. 확실히 금융 분야의 탈규제가 2008년 금융 경제 붕괴의 주요 원인이었기 때문이다. 붕괴는 시장 급진주의적 금융자본주의를 이끄는 국가인 미국과 영국에서 파급되었다. 그리고 금융자본주의의 주요 관계자들이 2008년의 위기 속에서, 막대한 구제금융으로 그들의 최종 도산을 방지해줄 것을 국가 정부에 간절히 재촉했을 때 그들은 스스로 신자유주의의 근본적 확신인 시장의 자율성과 자기 조절 능력을 부정하고 불신한 셈이었다. 국가는 "대마불사too big to fail"의 논리로 실제로 그렇게 했다. 그 결과, 자본주의 금융시장의 위기는 국가의 채무 위기로 전환되었으며, 특히 유럽에서는 아직까지도 끝을 알 수 없는 유해한 결과가 초래되었다. 신자유주의 신화는 시장의 자기 치유 능력이라는 미몽에서 스스로 철저히 깨어났다. 하지만 그 결과는 확실하지 않다. 금융 분야의 재규제로 향하는 일정한 경향이 개별 국가에서 또 국제적으로 나타나고 있지만, 이에 연관된 이해관계자들의 영향력이 크기 때문에 많은 해결책을 시도하기가 어렵다. 게다가 관계된 요인이나 정책은 복잡하며, 탈규제와 초규제 사이의 올바른 길을 결정하기도 쉽지 않다. 그러나 무엇보다도 초국민국가적 차원에는 강력한 정치적 결정 및 행위 체계가 결여되어 있다. 그것이 반드시 있어야 지구적으로 활동하는 금융자본을 제어할 수 있을 것이다.

그 외에 시장과 국가의 관계는 나라마다 매우 달랐고 지금도 다르다. 20세기 미국에서는 국가의 강력한 개입과 함께 수정자본주의가 발전했지만, 오히려 경쟁을 보증하는 수정(반트러스트 정책)으로서 나타났으며, 아울러 민간경제적·국가적 군산복합체의 형태로 또는 대량소비를 뒷받침하기 위해 국가적으로 용이해진 신용 융자를 통해서도 나타났다. 반대로 사회복지사업의 국가적 준비나 기업 내부 관계에 대한 국가의 개입으로는 그다지 나타나지 않았다. 이와 반대로 스웨덴은 매우 경쟁력 있는 자본주의가, 국가적으로 조절되는 계급 간 협력, 집단적 · 연대적 지향 그리고 높은 수준의 사회국가적 성취와 결합할 수 있음을 보여주었다. 비록 스웨덴에서도 1980년대 이후의 "신자유주의적" 전환으로 사회복지국가가 어느 정도 축소되었지만, 같은 시기의 영국만큼 철저한 사회복지사업의 축소가 나타나지는 않았다. 19세기 말과 20세기 조직 자본주의의 모국으로 간주되던 독일에서 1950년대 이래 "라인강 자본주의Rheinischer Kapitalismus"라는 변종이, 역시 국가가 지지하는 조절 및 뚜렷한 사회국가적 특성("사회적 시장경제soziale Marktwirtschaft")과 함께 발전했다. 하지만 경제정책적 간섭은 같은 시기의 스웨덴이나 프랑스보다 훨씬 덜 직접적이었으며, 시민사회의 자기 조절 능력에 대한 존중은 일본보다 더 컸다. 일본에서 산업화는 19세기 말에 비로소 처음부터 매우 강력한 국가의 감독하에서 시작되었다. 그때에 국가의 기획 및 지도 관청은 특별한 종류의 거대 민영기업, 즉 재벌財閥과 긴밀히 협력했고 기술 · 산업 · 수출의 발전을 힘차게 밀어붙였지만, 동시에 노동조합이 취약하고 기업이 모든 것을 간섭한 이 나라에서는 포괄적 사회국가의 확충은 대체로 포기되었다.

단호한 수출 장려, 교육 분야에의 집중적 투자, 높은 수준의 총저축률을 통해 1950년대 이후 홍콩과 대만이, 1960년대 이후 싱가포르와 한국이 산업화하였다. 그들은 분명히 민간 자본주의적이며 시장경제적인 길을 밟았지만, 시종일관 강력한 국가의 후원 및 지도와 함께했다. 여기서 싱가포르와 초기 한국의 권위적 정부 구조는 결코 산업화를 방해한 것이 아니라 도리어 촉진했다고 판명되었다. 마오쩌둥 사후의 중국 산업화는 한편으로는 이제 더 이상 특히 농촌에 속박되지 않은 넓은 인구층의 시장경제적 동력에 기인했다. 다른 한편에서 "위로부터의 혁명"과 같은 것이 나타났다. 그러나 신속히 궤도에 오른 자본주의의 동력은 당 간부들과 국가 고위층에 의해 추진되고 지도되었는데, 그들은 기업 활동을 제한적으로 허용하고 국가 개입을 일정 정도 삼가는 것을 목표로 삼았다. 그에 속했던 것이 국영기업의 민영화, 마오주의 사회국가 및 그에 의해 보증된 안정의 와해, 광대한 농촌의 해방 — 말하자면 유럽의 초기 산업화를 연상시킬 정도의 착취와 타락을 결과했던 도시 유랑 — 이었다. 노

동자들은 몰락, 착취, 불안정에 경고하는 뜻으로 마오쩌
둥의 초상화를 높이 치켜들며 저항했지만, 중국의 공산
주의 정부는 북아메리카 금융자본주의의 지도층에게 조
언을 구했으며, 해외 화교들이 그들의 자원, 관계망, 애국
심을 가지고 돌아왔다. 여전히 문제가 되는 것은 저임금,
가혹한 노동착취, 대량 수출에 근거한 산업자본주의이
다. 그것은 단기간에 너무나 거대한 경제적 성과, 소수가
장악한 막대한 부, 다수의 저항을 낳았다. 산업화에 대한
국가의 영향력은 여전히 막강하지만 조금씩 축소되고 있
다. 임금도 국제 기준으로 봤을 때 극단적으로 낮지만,
2005년 이후 상대적으로 많아지고 있다. 전체적으로 오
늘날의 중국인들은 30년 전보다 형편이 좋다. 정치체제
의 억압성은 뚜렷하지만 그 행사는 선택적이며, 특히 경
제성장의 행위자들과 관련해서는 제한된다. 관건은 얼마
만큼 상이한 정치적 관계들하에서 자본주의가 — 한시적
으로라도 — 번영할 수 있는지 그리고 권위적, 독재적 조
건하에서 시장과 국가가 어느 정도 양립할 수 있는지를
한 번 더 보여줄 실험이다. 러시아에서 1990년대 자본주
의로의 이행은 국가가 스스로 물러나는 결과를 낳았으며,

또한 경제적 퇴보, 전례 없는 불평등, 거대한 사회적 손실을 낳았다. 이것은 대략 2003년 이후 국가의 영향력을 다시 강화하려는 강력한 추세가 관찰되기 전까지의 일이다. 그에 비해 인도는 지난 20년간 오히려 경제 자유주의적 경로를 밟아왔다.[99]

역사적 사례들에서 얻은 통찰은, 체계적으로 말하자면, 왜 국가 개입이 자본주의의 생성, 확충, 존속에 꼭 필요했고 또 지금도 필요한지를 — 그리고 왜 시간이 흐를수록 오히려 더 중요해지는지를 — 설명하는 세 가지 이유를 알려준다. 첫째, 자본주의적 행위를 최초로 가능하게 해주는 시장은 정치적 수단으로만 만들어낼 수 있는 체계적 조건들을 전제한다. 예컨대 봉건적 장애와 같은 파편적이며 구속적인 방해물의 제거, 최소한의 평화적 질서 보장, 계약 또는 계약과 유사한 합의를 체결하고 관철하는 데 필요한 규칙의 준비 같은 것을 말한다. 권력이 투입되지 않는다면 여기서 아무것도 이루어지지 않는다. 때로는 폭력의 활용, 예컨대 전쟁이나 식민화의 결과로 거대한 시장을 형성하기 위한 조건이 생겨난다.

둘째, 자본주의적 과정의 불안정성이 증가하고 있음을

관찰할 수 있다. 자본주의적 과정을 제한하지만 안정화하기도 하는 착근에서 자본주의적 과정이 수십 년에 걸쳐 분리되고 게다가 자체적으로 분화해가는 한 그렇다. 이것은 위의 소유자 자본주의에서 경영자 자본주의로의 이행, 그다음에는 금융화 국면으로의 이행에서 설명했다. 금융화 국면에서 투자 기능은 여타 기능(기업 경영이나 인사 정책 같은)과의 결합에서 확실히 분리되고 독립됨으로써, 새로운 착근에 다시 포착되지 않는 한 자기 파괴적으로 붕괴된다. 새로운 착근에서는 국가적 계획과 통제가 유일하지는 않지만 가장 중요한 역할을 맡는다(물론 북대서양 지역 외부의 많은 나라에서는 상황이 매우 다르다. 이들 나라의 특성은 보스 정치, 후견 관계, 부패 — 특별한 종류의 "착근" — 가 널리 확산되어 있다는 것이다. 이는 "세습 자본주의Patrimonialer Kapitalismus", "정실 자본주의crony capitalism"이라고 비난받는다.).[100]

셋째, 자본주의는 바로 그 진전된 발전 단계에서 사회적, 문화적, 정치적 환경에 파괴적일 만큼 혼란스런 영향을 끼치며, 자신의 사회적 수용을 불확실하게 만든다. 이 경우, 일정하게 규칙적으로 반복되는 심층적 위기를 연상할 수 있다. 그것은 1873년, 1929/1930년, 2007/2008년처럼 금융 위기로서 발생하지만, "실물경제"에 심각한 결과를 초래하며, 넓은 인구층의 복지를 침해하여 사회적, 정치적 동요로 이어질 수 있다. 마찬가지로 성공적인 자본주의의 장기적 양극화 작용도 지적할 수 있다. 여기서 내가 지적하려는 것은 산업화, 임노동, 노동자 저항의 잘 알려진 관계, 즉 사회국가적 대응 조치가 없다면 사회적 양극화로 이어질 관계만은 아니다. 도리어 근세 초 와 19세기 네덜란드의 산업화 실상이, 또한 마찬가지로 지난 수십 년간의 실상이 지적되어야 한다. 그것은 자본주의적 성장은, 그것에 대응해서 반대로 조정하지 않으면, 즉 더 많은 사람들을 빈곤으로 인도하지 않으면 — 정반대로 — , 또다시 소득과 재산의 불평등의 증가를 동반한다는 점을 보여준다. 경영자의 소득은 지난 수십 년 동안 평균 소득 증가를 훨씬 넘어 아찔한 수위에 도달했다. 그 이례적인 고소득은 복합적으로 증가하는 불평등의 작은 부분일 뿐이지만, 매우 가시적이며 특히 혼란을 야기하는 부분이기도 하다. 불평등의 증가는 특히 민주주의적 정치 문화에서 부당한 것으로 인식되며 장기적으로 체제의 정당성에 의문을 품게 만들 수 있다. 자본주의가 야기한 문제 있는 결과들에 관하여 마지막 절에서 좀 더 지적할 것이다.[101]

공공 조직이 저항에 대해 국가적 수단을 균형감 있게 투입할 수만 있다면, 자본주의가 낳는 불안정한 사회적 결과를 어느 정도 완화할 수 있음을 역사적 경험들은 보여준다. 이 견지에서는 보정 또는 예방을 위한 국가 개입의 수요가 장기적으로 상승한다. 특히 정치적으로 유효한 공론의 감수성, 요구 수준, 표현 역량이 곳곳에서 성장했으며 계속 성장해야 할 것이다. 분명한 것은 경제적, 사회적 폐해가 사회운동과 국가 개입으로 이어질지의 여부를 저항 문화의 존재 여부, 정치적 공론의 발전 상태, 정치체제의 특성이 결정한다는 점이다. 국가 개입은 성공적일 경우 자본주의의 사회계약성을 상승시킴으로써 그 생존 능력을 개선할 수 있다. 그 최고의 사례는 19세기 말 이후 사회복지국가의 성장이다. 오늘날 그와 유사한 자본주의의 문명화 과정을 어렵게 하는 것은, 더욱더 국경을 초월해서 작용하며 더욱더 지구적인 자본주의에 상응하는 국가적 특성의 부재이다. 변함없이 격렬한 자본주의 동력에 실제로 잘 버텨낼 수 있는, 자본주의와 유사하게 국경을 초월한 지구적 국가성이 부재한 것이다. 이는 아직까지 해결되지 않은 문제이다.

V.
전망

자본주의가 사회를 더 부유하게 만들 뿐만 아니라 인간을 더 자유롭게, 평화롭게, 더 바람직하게 만들 문명화의 힘이라고 보는 해석은 계몽주의 시대의 것이다. 과거에는 영향력 있던 이 해석은 오늘날 높게 평가되지 못한다. 자본주의에 대한 견해의 폭이 넓고 다양하기는 하지만, 유럽에서는 도리어 자본주의에 대한 비판적 판단이 지배적이다. 그러나 자본주의의 역사를 진지하게 다루려는 사람이라면, 그리고 전혀 자본주의적이지 않았던 훨씬 예전의 수백 년 동안의 삶에 관해 알고 있는 사람이라면, 세계 대부분의 지역(모든 지역은 아니지만!)에서 좋은 지위의 상류층에 속하지 못했던 다수에게 나타난 거대한 진보에 감명받지 않을 수 없을 것이다. 그 진보는 물질적 생활 관계, 궁핍 극복, 수명 연장, 건강 상태 개선, 선택 가능성과 자유에 관계된 것이다. 돌이켜보면, 자본주의에 고유하며 지속적인 교란, 압박, 변형이 없이 그 같은 진보가 일어나기는 어려웠을 것이다. 그리고 오히려 지식 성장, 기술 변동, 산업화를 그 진보의 원동력으로서 제시하는 사람이라면, 이제까지 장기적으로 성공적이었던 산업화는 어디서나 자본주의를 전제했으며, 자본주의 원칙들이 지식의 확산도 현저하게 제어했음을 기억해야 할 것이다. 이는 초기 서적 인쇄로부터 비판적 공론을 담은 정치 간행물을 거쳐 오늘날의 인터넷에 이르는 대중매체의 역사에서 드러난다. 지금까지 등장했던 자본주의를 대신한 대안들은 복지 창출이나 자유 구현 면에서 열등한 것으로 판명되었다. 그런 면에서 20세기 마지막 30년 동안의 공산주의 중앙통제 경제 몰락은 자본주의의 역사적 결산을 평가하기 위한 핵심 과정이었다. 그럼에도 불구하고 자본주의를 논하는 사람이라면 자본주의의 어두운 면을 거의 제쳐놓지 않으며, 최소한 언급하거나 아니면 최전방에 놓는다. 자본주의 비판은 현재 진행형이다.

물론 예전에 중심을 차지했던 자본주의 비판의 몇몇 주제들은 주변부로 밀려났다. 가톨릭 사회 이론은(1991년

교황의 교서 "100년째^{Centesimus Annus}"*에서 그랬던 것처럼) 여전히 "시장의 우상화"와 "급진 자본주의적 이데올로기"를 경고하고 있다. 하지만 그 비판은 수백 년에 걸쳐 로마 가톨릭교회가 선전해온 원칙적인 자본주의 비판으로부터 몇 마일 떨어져 있다. 늦어도 1870년대 이후에 알려졌으며 나치즘에서 절정에 달했던 극우파적·민족적 자본주의 비판은 비자유주의적 함축을 갖고 있었으며 때로는 반유대적 어조를 띠었다. 이런 비판은 현재 전혀 평가받지 못하고 있다. 독일에서는 노동자계급의 궁핍화를 이유로 해서는 정치적 좌파들도 더 이상 자본주의를 비난하지 않는다. 비록 지구적 차원에서는 거듭 발견될 수도 있겠지만(그리고 발견되겠지만), 독일에서는 "노동자 문제"가 더 이상 사회를 분열하지 않는다. 후기 포드주의 시대에 자본주의 기업 안에서 작업을 함께할 작업 팀을 통해 개인화된 생산이 전파되고, 창의성이 바람직한 특징으로서 높게 평가받을 뿐만 아니라 시장에서도 환영받게 됨에 따라서, 자본주의에서의 노동 소외에 대한 비판도 잦

---

* 교황 요한 바오로 2세의 1991년 교서로서 당시의 정치적, 경제적 이슈들을 다룸. – 옮긴이

아들었다. 자본주의는 오랫동안 가해진 많은 비판에 적응하여 그 비판을 무력화함으로써 조금은 공허하게 만들 만큼 변화 능력을 갖춘 듯 보인다.[102] 그만큼이나 간과해선 안 되는 것이, 국제적 긴장을 쌓고 전쟁을 준비하는 데에서 경제적 이해관계, 특히 군수산업의 매출과 이윤에 대한 이해가 중요한 역할을 한다는 사실이다. 하지만 오늘날의 연구는, 전쟁의 발생이 무엇보다도 경제적으로 설명될 수 있으며 자본주의의 모순에 귀속될 수 있다는 사실에서 멀어져 있다. 오히려 평화에 대한 자본주의의 관심이 — 성공적인 사업 활동의 전제로서 — 거듭 주목받고 있다.[103] 로자 룩셈부르크나 레닌의 전통적인 제국주의론은 현재 높이 평가받지 못한다. 또 다른 사례를 들자면, 독일과 이탈리아 파시즘의 흥기와 승리를 독점 자본가들 또는 자본주의 내적 모순의 조력 탓이라고 비난하는 경우가 드물어졌다. 바이마르 공화국의 마지막 위기에서 대부분의 보수 엘리트들(그중 많은 기업가들)이 히틀러를 지원한 것, 그리고 대공업이 오랫동안 이윤을 남기며 나치스 전시경제와 협력한 것은 확실히 기억에 남아 있다. 하지만 독일 사회의 대다수 구성원들이 얼마나 결정적으로, 얼마나 다양하게 나치즘을 "저지"(커쇼Kershaw)하면서도 다른 한편 일체감을 가졌는지가 그 사이 알려졌다. 따라서 "독일의 재앙deutsche Katastrophe"*이 순전히 자본가들의 책임으로만 치부된다면, 그것은 전체 독일인이 져야 할 책임의 축소로 비춰질 것이다. 물론 1930년대 초 자본주의의 대*위기가 없었다면 나치즘의 흥기가 불가능했을 것이라는 견해는 여전히 유효하다.

현재 자본주의에 대한 비판은 다양하다. 비판의 대상은 좀 더 구체적인 폐해, 가령 금융 분야의 "구조화된 무책임성"[104] 같은 것이다. 이것은 ─ 게다가 자본주의의 중심 기본 전제를 훼손하면서 ─ 투자 결정과 그 결정에 대한 보증이 서로 분리되는 결과를 초래했다. 그리하여 공적 기관이 막대한 손실을 떠안음으로써("대마불사") 펀드 매니저의 이례적인 이익이 가능해진다. 더 일반적인 차원에서의 비판은 자본주의의 결과인 불평등의 증가를 지적한다. 공공 토론에서는 1970년대 이후 자국 내에서 다시 증가한 소득과 재산의 불평등에 큰 관심을 두었지만,

---

* 독일의 역사가 프리드리히 마이네케Friedrich Meinecke의 책 제목. 독일제국의 제2차 세계대전 패배와 그 후 연합국에 의한 해체를 가리킴. ─ 옮긴이

훨씬 더 심각한 국가와 대륙들 사이의 불평등에는 큰 관심을 보이지 않았다. 국가와 대륙들 사이의 불평등은 1800년과 1950년 사이 크게 증가했지만, 그 이후로는 전체적으로 증가하지 않았다.[105] 불평등 증가의 고발은 공정성의 훼손에 대한 저항으로 바뀌었고, 그럼으로써 전체적으로 중요해졌다. 지속적인 불안정성, 그치지 않는 가속화의 압박, 극단적 개인화가 더 큰 불평의 대상이 된다. 극단적 개인화는 자본주의에 내재한 것이며, 반대 조치가 없으면 사회적인 것의 침식과 공공복지의 방기로 이어질 것이다. 이와 연계되는 질문이 "그렇다면 무엇이 사회를 전반적으로 결속하는가?" 하는 것이다. 마찬가지로 현 상태를 벗어나는 항구적 성장과 지속적 팽창에서 생기는 자본주의의 구조적 종속에 대한 비판도 원칙적이다. 이 구조적 종속은 자본주의 역시 존속에 필요한 자연 자원(환경, 기후)과 문화 자원(연대, 의미)을 파괴할 우려가 있다.[106] 여기에 "시장과 구입 가능성의 한계가 도대체 어디인가? 또는 ― 도덕적·실천적 이유로 ― 어디에 그 한계선을 그을 것인가?" 하는 우려 섞인 질문이 연결된다.[107] 이 말은 그런 한계가 있어야 한다는 것인데, 말하자면 자본주의가 모든 것을 관통해서는 안 되며 사회, 문화, 국가 내에 비자본주의적 저항 진영이 필요하다는 것이다. 이를 위해 자본주의의 역사에서 강력한 논거를 이끌어낼 수 있다. 한편에는 보편화할 수 있는 가치를 지향하는 민주주의 정치의 합의와 형성 요구가 있으며, 다른 한편에는 민주주의 정치와 도덕적 형성에서 벗어난 자본주의의 동력이 있다. 양자 간의 차이는 가장 원칙적인 차원에서 지속되고 있는 문제이다. 마지막으로, "자본주의"를 (서구) 근대의 상징적 총체로서 또는 악의 구현 그 자체로서 거부하는 전체론적 비판 형태를 간과해서는 안 된다.[108]

자본주의 비판은 자본주의 자체만큼이나 오래되었다. 그 비판은 세계를 경유한 자본주의의 개선 행진을 막지 못했다. 그러나 자본주의에 영향을 주었다. 이 글에서 제시된 역사적 개관이 보여주는 것은 수백 년에 걸친 자본주의의 거대한 변동 가능성이다. 앞에서, 특히 "변화하는 임노동" 그리고 "시장과 국가"에 관한 절에서 보았듯이, 사회적, 정치적 운동과 결합한 비판은 자본주의 변화의 중요한 원동력이었다. 미래에도 마찬가지일 것이다. 자본주의가 발전하는 사회적·정치적 조건을 자본주의 스스로 결정하는 것이 아니기 때문이다. 자본주의는 다양한 정치체제 안에서, 심지어 독재적 지배하에서조차 (여하간 한시적으로) 번영할 수 있다. 자본주의와 민주주의의 친화성은 오랫동안 기대하고 추정했던 것만큼 뚜렷하지는 않다. 자본주의는 그 목표를 자체적으로 설정하지 않는다. 자본주의는 여러 상이한 사회적·정치적 목적에 활용될 수 있다. 추정컨대 경제 방향을 더 많은 재생성과 지속성으로 향하도록 조종하는 데에도 유용할 것이다. 정치적 압력과 그에 상응하는 정치적 결정이 그 같은 목표를 위해 충분히 동원될 수 있다면 그럴 것이다. 다만 이는 현재로서는 북반구의 부유한 사회에서나, 전 세계적으로나 가시화되지 않고 있다. 자본주의는 그 사회적, 문화적, 정치적 착근으로써 존속하며, 동시에 그만큼이나 그 착근들을 위협하고 와해한다. 자본주의는 학습할 수 있으며, 이 장점을 민주주의와 공유한다. 정치적, 시민사회적 수단들이 충분히 강하고 결정적이기만 하다면 자본주의에 영향을 미칠 수 있음을 역사는 보여준다. 어떻게 보면 모든 시대와 문명은 그들이 얻을 만한 가치가 있는 자본주의를 가진다. 현재는 자본주의보다 우월한 대안은 보이지 않는다. 그러나 자본주의 내부에서 매우 상이한 변형과 대안을 생각할 수 있으며 부분적으로는 관찰할 수도 있다. 중요한 것은 그 변형과 대안의 발전이다. 자본주의의 개혁은 앞으로도 지속될 과제이다. 그리고 자본주의 비판이 여기서 중심적인 역할을 할 것이다.

주

1. "In History Departments, It's Up with Capitalism" in: New York Times, 6. 4. 2013. Kocka 2011, 307~310쪽. - 베를린 훔볼트 대학의 연구 모임 '글로벌 히스토리의 시각에서 본 노동과 삶의 이력'의 지원과 격려에 감사하며, 수많은 도움과 지적을 해준 펠릭스 푹Felix Fuhg, 모리츠 라이터Moritz Reiter에게, 원고 작성에 도움을 준 비르기트 한Birgit Hahn에게, 원고를 검토하고 유익한 의견을 준 크라스티아네 아이젠베르크 Christiane Eisenberg, 브루스 코구트Bruce Kogut, 루돌프 쿠헨부흐Ludolf Kuchenbuch, 볼프강 메르켈Wolfgang Merkel, 하인츠 실링Heinz Schilling, 페터 슈판Peter Spahn, 니틴 바르마Nitin Varma, 페어 브리에스Peer Vries, 한스-울리히 벨러Hans-Ulrich Wehler, 알로이스 빈테를링Aloys Winterling

에게 감사한다. 이 책의 기획을 발의하고 깊은 인내를 보여준 데틀레프 페클렌Detlef Feklen에게 특별한 감사를 전한다.

2. Hilger 1982, 408~442쪽, 특히 410, 433, 434, 437~439쪽.

3. Blanc 1850, 161쪽; Proudhon 1851, 223쪽. Grand dictionnaire universel du XIXe siècle, Paris 1867, 3권, 320쪽. Liebknecht nach Hilger 1982, 443쪽.

4. Rodbertus에 관해서는 위의 책 443쪽; Schäffle 1870, 116쪽. Meyers Konversationslexikon 1876 (3판), 9권, 876쪽; Sombart 1902.

5. Hobson 1894; Shadwell 1920, 69쪽; Encyclopaedia Britannica 1910~1911 (11판), 5권, 278쪽; 같은 책 1922 (12판), 30권 (부록), 565~571쪽. Williams 1976, 42~44쪽.

6. Passow 1927.

7. 기본적으로는 MEW XXIII~XXV (= Das Kapital 1~III, 1867, 1884/5 und 1894); 요약으로는 이미 Marx, Lohnarbeit und Kapital (1849), in: MEW VI, 397~423쪽; Manifest der Kommunistischen Partei (1848), in: MEW IV, 459~493. Muller 2003, 166~207쪽 참조.

8. 매우 좋은 두 종의 개설서가 있다. Mommsen 1997 그리고 Schluchter 2009, 63~74쪽(인용은 81쪽). 무엇보다도 Weber 2012 (경제사); Weber 1964 (경제와 사회), Kap. II, 특히 14~31쪽; Weber, 1988 (종교사회학), 특히 I, 17~206쪽; ≪프로테스탄티즘 윤리와 자본주의 정신≫.

9. G. Krämer in Budde (Hg.) 2011, 116~146쪽과 비교하라.

10. Schumpeter 1926, 105쪽(인용), 165~74쪽; Schumpeter 2010, 234쪽(정의) 그리고 235쪽(시초); Schumpeter 2005, 136, 137쪽. ("창조적 파괴"). Osterhammel 1987 참조.

11. 이에 관해서는 특히 Schumpeter 2005, T. II.

12. Keynes 1927, 50쪽; Keynes 1936, 161~163쪽; Akerlof/Shiller 2009; Berghoff in Budde (Hg.) 2011, 73~96쪽, 특히 80~86쪽.

13. Polanyi 1944. – 폴라니에 긴밀히 의거한 책으로는 Streeck 2009. 폴라니에 대한 역사가의 비판으로는 Kindleberger 1974; Eisenberg 2011, 62~66쪽.

14. Braudel 1985/86, II(상업), III(세계경제로의 출발), 여기서는 693~708쪽. Vries 2012 참조.

15. Wallerstein 1974, 1980, 1989, 2011; Arrighi 1994 , 2007.

16. 가령 Christian 2004, 446~481쪽 참조; Osterhammel 2009, 954~957쪽; Ch. Maier in Budde (Hg.) 2011, 147~163쪽 참조.

17. Mann I, 1993, 23, 24쪽 참조: 자본주의를 이루는 요소는 상품생산, 생산수단의 사적 소유 그리고 생산수단의 소유와는 분리된 자유로운 임금노동이다. –Fulcher 2011, 24쪽: 자본주의는 이익을 얻기 위한 투자를 바탕으로 한다. –Boltanski/Chiapello 2003, 39쪽: 변화의 동력을 부여하는 자본주의의 주요 특징은 자본이 이익 극대화를, 다시 말해 새롭게 투자된

자본의 증식을 목표로 경제순환에 끊임없이 재투자되는 것이다; Appleby 2011, 25쪽: 자본주의는 이익을 얻으려는 사적 투자자의 욕구가 중심이 되는 경제적 행위 양식에 기초한 "문화 시스템"이다. −Ingham 2008, 53쪽: 자본주의의 본질적 요소는 투자를 목적으로 한 은행신용을 통해 통화 창출을 가능하게 하는 통화 체제, 시장과 교환 그리고 상품을 생산하는 사적 기업 등이다. −Swanson 2013, 5쪽: 자본주의는 "생산수단의 소유자가 시장에서 판매하여 이익을 얻을 목적으로 재화와 서비스를 생산하기 위해 임금노동자를 고용하는 경제 시스템이다."

18. 유사한 내용이 이미 Kocka 2011, 310, 311쪽에서 기술되었다.

19. Hartwell 1983, 14쪽; Grasby 1999, 19쪽; Fulcher 2011, 33쪽 이하.

20. Graeber 2011, 235~264쪽.

21. 베버는 이와 관련해 고대의 "연금 자본주의"라고 언급했다. Weber 1964, 668, 1016쪽; Weber 2006, 300~753쪽; Finley 1973, 144(인용)쪽; 고대의 임노동에 대해서는 Lis/Soly 2012, T. I; 가장 최근의 책으로는 Temin 2012 참조.

22. Mielants 2007, 47~57쪽; Ptak 1992; Lu 1992.

23. Chaudhuri 2005, 34~51쪽, 203~220쪽; Spuler 1952, 400~411쪽; Rodinson 2007, 63~65쪽, 82~85쪽; Bernstein 2008, 66~76쪽.

24. Udovitsch 1970; Heck 2006, 41~157쪽; Chaudhuri 2005,

211~215쪽.

25. Graeber 2012, 286~297쪽; Rodinson 2007, 57~90쪽, 거기서 특히 이븐 칼둔Ibn Chaldun에 관해서는 60, 61쪽 그리고 부르주아지의 문제에 관해서는 88쪽 이하.

26. 그 후에 관해서는 Kulischer 1965, I, 229~278쪽; Schilling 1999, 296~340쪽.

27. Ogilvie 2011; 그 후에 관해서는 역시 North 2011, 65~102쪽; Stark 1993.

28. Heynen 1905, 86~120쪽(로마노 마이라노Romano Mairano에 관해서); de Roover 1963 (메디치Medici에 관해서); Ehrenberg 1896 (푸거Fugger에 관해서).

29. Van der Wee/Kurgan‒van Hentenryk (Hg.) 2000, 71~112쪽.

30. Kulischer 1965, I, 215~221쪽 참조; Blickle 1988, 7~12쪽, 51~58쪽; Arrighi 2010, 103~105쪽; van Bavel 2010, 54~57쪽.

31. LeGoff 1993; LeGoff 2010; Muller 2003, 3~12쪽: Kulischer 1965, I, 262~274쪽, 특히 271~274쪽의 사례들.

32. Subrahmanyam (Hg.) 1994; Bernstein 2008, 103쪽 이하; 무엇보다도 Mielants 2007, 86~124쪽.

33. Abu‒Lughod 1989 참조: 이 책은 세계 각 지역들 간의 연결을 과장하여 묘사한다.

34. Mielants 2007은 핵심에 있어서는 낡은 주장(Weber, Hintze,

Pomeranz, Peer Vries 등)을 펼치고 있다. 그 주장의 다른 판본은 Bin Wong/Rosenthal 2011.

35. Meiksins Wood 2002가 그렇게 분류한다.

36. MEW XXIII (Das Kapital I),788쪽: "화폐가 ... 뺨에 자연의 핏자국을 묻히고 이 세상에 태어난다면, 자본은 머리에서 발끝까지 모든 구멍에서 피와 오물을 흘리며 태어난다."

37. Reinhard 2008, 28~58쪽; Graeber 2011, 334쪽, 465쪽.

38. 이에 관한 다기한 견해는 O'Brien 1982 참조.

39. Chaudhuri 2005, 80~97쪽; Frentrop 2002, 49~114쪽; Reinhard 2008, 42쪽.

40. Ehrenberg 1896, 122~124쪽.

41. Berghoff in Budde (Hg.) 2011, 73~75쪽에 따름; Kindleberger/Aliber 2005, 42쪽, 58쪽.

42. Van der Wee/Kurgan-van Hentenryk (ed.) 2000, 117~264쪽 (인용 260쪽).

43. Graeber 2012, 363쪽.

44. Reinhard 1985, Kap. 4~6; Reinhard, 2008, Kap. 5 (인용 112쪽); Appleby 2010, 121~137쪽.

45. 개론적으로는 Rösener 1993; 분석적으로는 Brenner 2007, 63~84쪽.

46. Duplessis 1997, 76~82쪽, 147~153쪽.

47. De Vries/van der Woude 1997, 195~269쪽, 특히 200쪽, 201쪽.

48. Eisenberg 2009, 50~51쪽 (인용); Duplessis 1997, 63~70쪽, 175~184쪽; Appleby 2010, 75~86쪽.

49. Bücher 1927, 특히 981쪽, 982쪽; Thompson 1971; Schulz 2010.

50. Sokoll 1994.

51. Mendels 1972; Kriedte u. a. 1977; Ogilvie/Cerman(Hg.) 1996.

52. Kulischer 1965, 2권, 113~137, 특히 114쪽, 116쪽, 123쪽; Kriedte 1980, 47~55쪽, 89~100쪽, 114쪽, 115쪽, 160~ 193쪽; Duplessis 1997, 88~140, 특히 215쪽, 219쪽; Allen 2009, 16~22쪽; de Vries 2008.

53. Brenner 2001, 특히 224~234쪽.

54. 수치는 Allen 2009, 17쪽.

55. Eisenberg 2009, 78~105쪽.

56. Schilling 2012, 634쪽 이하. 베버의 테제에 관해서는 위의 13 쪽; 그에 대한 비판은: Eisenberg 2009, 83~85쪽; Schama 1988, 352쪽, 353쪽; Allen 2009, 7쪽; Steinert 2010; 베버 테제의 방어에 관한 최근의 글로는 Segre 2012.

57. 오래된 회의적 시각에 관해서는 다음의 문헌 참조: Muller 2002, 3~19쪽; 18세기의 전환에 관해서는: Appleby 2010, 87~120쪽; 근본적으로는 Hirschman 1992, 105~141쪽, 특 히 106쪽 이하.

58. Muller 2002, 51~83쪽: 스미스에 관한 소개; Conert 1998,

70~80쪽; 기본적으로는 Rothschild 2001, 116~156쪽; 그와 다르게 Vogl 2010/11, 31~52쪽; 마르크스주의의 시각으로는 Brenner 2007.

59. 네덜란드의 사례는 van Bavel 2010, 72~77쪽.

60. "전 산업 시기 영국의 고임금 경제"에 관해서는 Allen 2009, 25~79쪽(특히 34쪽, 39쪽, 40쪽); Broadberry/Gupta 2006, 2~11쪽; Clark 2005, 1308쪽, 1311쪽, 1319쪽.

61. "대분기Great Divergence" 논쟁의 정리는 가장 최근으로는 Conrad 2013, 163~174쪽. 상세하며 설득력 있기로는 Vries 2013. -중국(과 인도) 상인 자본주의에서 초기 산업화의 약점에 대해서는 Lu 1992, 특히 492쪽, 496쪽; Chaudhuri 2005, 201쪽.

62. 개관으로는: Stearns 1993; Buchheim 1994.

63. 1800~2011년 독일의 경제 분야에 따른 고용률은 다음과 같다.

	농업%	영업과 공업%	상업과 서비스업%	피고용인 총계 (단위: 백만)
1800	62	21	17	11
1849	56	24	20	15
1907	35	40	25	28
1970(서독)	8	47	45	27
2012	2	25	74	42

64. 서구의 산업화와 중국, 인도, 아프리카의 저해된 산업화 간의 복잡한 관계에 대해서는 다음을 참조하라. Osterhammel 2009, 943쪽, 944쪽; Cooper 2009 (특히 47쪽: 자본주의에 대한

아프리카의 저항); Inikori 2002; 19세기 유럽 내부의 차이에 대해서는: Berend, Economic History 2013. 462쪽 이하.

65. Hobsbawm 1969, 14쪽; Cipolla 1976, 10쪽.

66. Kornai 1992 참조.

67. Marx/Engels, Manifest der Kommunistischen Partei, in: MEW IV, 465쪽.

68. 위기에 관해서는: Spree (Hg) 2011; Plumpe 2010.

69. Osterhammel/Petersson 2007; Findlay/O'Rourke 2007; Mann IV 2013, 1~12쪽.

70. Redlich 1964, 97쪽, 98쪽.

71. 가족기업 지멘스와 경영자 기업 AEG의 경쟁 사례는 Kocka 1972에서 분석되었다; 가족과 사업의 관계에 대해서는 Kocka 1979 그리고 최근에는 Budde in dies. (Hg.) 2011, 97~115쪽 참조. 중국의 사례는 Zelin 2005, 84~87쪽, 114쪽 참조.

72. 1950년에는 영국의 100대 기업 중 절반이 가족들에 의해 통제되었다고 간주된다(1970년에도 아직 3분의 1). 이에 관해서 그리고 일본 대기업에 대해 가족 영향력이 지니는 의미(재벌과 계열사)에 관해서는 Blackford 2008, 205~216쪽 참조.

73. 전체적 개관으로는 다음의 글들이 좋다: Blackford 2008 (미국 수치에 대해서는 200쪽); Chandler 1977과 1990; Folsom/McDonald 2010; Kocka 2011, 140~155쪽; 최근 수정된 것이 Hannah 2013. 조직 자본주의(힐퍼딩R. Hilferding의 개념)에 관해서는: Winkler (Hg.) 1974.

74. 최근 이 주장은 Sinn 2009, 81~85쪽에서 다시 나타났다.

75. 고전적으로는: Berle/Means 1932; Burnham 1941. -Kocka 1983.

76. James 2013, 특히 34쪽, 37쪽, 39쪽 (수치); Berend, Europe 2013, 6쪽(인용), 60~80쪽; Soros 1998, XII, XX; Maier 2007 (곱등이). 전체적으로는 Atack/Neal (Hg.) 2009.

77. 로버트 해리스Robert Harris의 소설 ≪어느 물리학자의 비행 (The Fear Index)≫(2011), 특히 81~113쪽에 극단적이지만 빼어나게 묘사되어 있다; Vogl 2010/11, 83~144쪽; 자전적 으로는: Anderson 2008.

78. http://www.imf.org/external/pubs/ft/wp/2010/data/ wp10245.zip (Abruf 1.6.2013).

79. Deutsche Bundesbank 1976, 4, 313쪽; Sinn 2009, 32~35 쪽, 155~157쪽.

80. Dahrendorf 2009; Bell 2006; Berend, Europe 2013, 91~ 112쪽; Graeber 2011, Kap. 12; Streeck 2013.

81. 2005년경 미국의 1000대 기업의 주식 중 약 60퍼센트를 기금 이 통제하였다. 그중 40퍼센트를 20대 투자 기금이 보유하였 다.

82. 가장 빼어난 설명은 Windolf 2005 (특히 미국의 사례에 관해서 는); 독일에 대해서는: Streeck 2009, 77~89쪽, 230~272쪽.

83 Wolfe 1988, Kap. 10.

84. 금융자본주의와 2008년의 위기에 관해서는: Berend, Europe

2013, 특히 60~80쪽; Mihm/ Roubini 2010.

85. Van der Linden 2008, 17~61쪽; Van der Linden in Budde
   (Hg.) 2011, 164~175쪽.

86. Tilly 1984, 33쪽 (1550: 24퍼센트, 1750: 58퍼센트, 1843: 71퍼센
   트). 수 세기에 걸친 노동과 노동자에 관해서는 이제 Lis/Soly
   2012 참조.

87. Osterhammel 2009, 959~1009쪽; van der Linden 2008,
   20~32쪽.

88. 그 후에 관해서, 그리고 독일의 사례에 관해서 보다 상세하게
   는: Kocka, Arbeitsverhältnisse 1990, 373~506쪽.

89. Osterhammel 2009, Kap. V 참조; Lucassen (Hg.) 2006. 아
   래의 109쪽 이하 참조.

90. 보다 상세하게는 Kocka, Arbeitsverhältnisse 1990, 469~471
   쪽 참조.

91. 산업화 초기 영국에 대해서는 고전적으로 Thompson 1963에
   서 볼 수 있다.

92. 1870~1914년 개별 국가의 노동운동 개관으로는: van der
   Linden/Rojahn 1990. 오늘날의 중국에 대해서는: Lee 2007.

93. Schmid/Protsch 2009; Sennett 1998는 이미 고전이다.

94. Arnold/Bongiovi 2013; bereits Hart 1973; Vosco u. a. (Hg.)
   2009, 1~25쪽; Standing 2008; Kalleberg 2009. 아프리카에
   대해서는: Cooper 2009, 53쪽 이하; 인도에 대해서는: Maiti/
   Sen 2010; 라틴아메리카에 대해서는: Fernandex-Kelly/

Sheffner (Hg.) 2006.

95. 국가와 시장의 상호 통제라는 목표 설정에 대해서는: Kocka 2012.

96 이에 대해 영국을 사례로 한 빼어난 개관으로는 Fulcher 2011, 61~88쪽 참조.

97. "조직 자본주의"에 대해서는 Winkler (Hg.) 1974. 19, 20세기 유럽 경제 질서의 발전에 관해서는 Berend/Schubert 2007이 빼어나다. 미국에 대해서는: Swanson 2013; 동아시아에 대해서는: Inkster 2001, 특히 120쪽 이하.

98. 위의 책 95 쪽 이하 참조. 그 외에 Harvey 2007; Krippner 2011 참조.

99. 개별 국가들에 대한 깔끔한 요약으로는 Fulcher 2011, 89~134쪽; Appleby 2010, Kap. 11; Kwon 2010; Naughton 2007; Hung 2013; Myant/Drahokoupil 2010; Chandrasekhar 2010.

100. Becker 2012.

101. 거칠게 정리하자면, 유럽에서 수입과 재산의 불평등은 19세기에 증가했고 20세기 초에서 1970년대까지 감소했다가 그 후에 다시 증가했다. Van Zanden 1995; Van Zaden u. a. 2013; Atkinson u. a. 2010; Wehler 2013.

102. 이 메커니즘에 관해서는 Boltanski/Chiapello 2006.

103. 예컨대 Kirshner 2007.

104 Honegger u. a. 2010.

105 이에 관한 매우 좋은 글은 Milanovic 2011; Galbraith 2012.

106 Miegel 2010; Mann IV 2013.

107 Sandel 2012.

108 Tripp 2006, 150~193쪽에서 사례들을 찾아볼 수 있으며, 그 사례들은 이곳의 문예란에도 알려져 있다.

참고 문헌

Abu-Lughod, J. L., Before European Hegemony. The World System A.D. 1250~1350, New York 1989. 이 책은《유럽 패권 이전 : 13세기 세계체제》(재닛 아부-루고드 저 ; 박흥식, 이은정 옮김, 까치, 2006)로 번역, 출간되었다.

Akerlof, G.A./R.J. Schiller, Animal Spirits, Princeton 2009. 이 책은《야성적 충동: 인간의 비이성적 심리가 경제에 미치는 영향》(조지 애커로프, 로버트 쉴러 공저; 김태훈 옮김, 랜덤하우스, 2009)으로 번역, 출간되었다.

Allen, R. C., The Britisch Industrial Revolution in Global Perspective, Cambridge 2009.

Anderson G., Cityboy. Beer and Loathing in the Square Mile, London 2008.

Appleby, J., the Relentless Revolution. A History of Capitalism, New York 2010 (dt.: Die unbarmherzige Revolution, Hamburg

2011). 이 책은 《가차없는 자본주의: 파괴와 혁신의 역사》(조이스 애플비 저; 주경철, 안민석[공] 옮김, 까치글방, 2012)로 번역, 출간되었다.

Arnold, D./J.R. Bongiovi, Precarious, informalizing and flexible work, in: Armerican Behavioral Scientist 57, 2013, 289~308쪽

Arrighi, G., Adam Smith in Beijing. Lineages of the Twenty-First Century, London 2007. 이 책은 《베이징의 애덤 스미스: 21세기의 계보》(조반니 아리기 지음; 강진아 옮김, 길, 2009)로 번역, 출간되었다.

Arrighi, G., the Long Twentieth Century. Money, Power and the Origins of our Time, London 1994. 이 책은 《장기 20세기: 화폐, 권력, 그리고 우리 시대의 기원》(조반니 아리기 지음; 백승욱 옮김, 그린비, 2014)으로 번역, 출간되었다.

Atak, J./L.Neal (Hg.), The Origins and Development of Financial Markets and Institutions. From the Seventeenth Century to the Present, Oxford 2009.

Atkinson, A. B. u. a., Top Incomes in the Long Run of History, in: A. B. Atkinson/T. Piketty (Hg.), Top Incomes. A Global Perspective, Oxford 2010, 664~759쪽

Becker, U., Measuring Change of Capitalist Varieties. Reflections on Method, Illustrations from the BRICs, in: New Political Economy 18, 2013, 503~532쪽

Bell, D., The Cultural Contradictions of Capitalism, New York 1979. 이 책은 《자본주의의 문화적 모순》(다니엘 벨 저; 김진욱 옮김, 문학세계사, 1990)으로 번역, 출간되었다.

Berend, I. T./R. Schubert, Markt und Wirtschaft. Ökonomische

Ordnungen und wirtschaftliche Entwicklung in Europa
seit dem 18. Jahrhundert, Göttingen 2007.

Berend, I. T., Europe in Crisis. Bolt form the Blue?, New York 2013.

Berend, I. T., An Economic History of Nineteenth−Century Europe,
Cambridge 2013.

Berle, A./G. Means, The Modern Corporation and Private Property,
New York 1932.

Bernstein, W. J., A Splendid Exchange. How Trade Shaped the
World, New York 2008.

Bin Wong, R./J.−L. Rosenthal, Before and Beyond Divergence:
The Politics of Economic Change in China and Europe,
Cambridge, Mass, 2011.

Blackford, M. G., The Rise of Modern Business. Great Britain, the US,
Germany, Japan and China, Chapel Hill, N. C. 2008.

Blanc, L., Organisation du travail, Paris (9판) 1850.

Blickle, P., Unruhen in der ständischen Gesellschaft 1300~1800,
München 1988.

Boltanski, L./E. Chiapello, Der neue Geist des Kapitalismus, Konstanz
(2003) 2006.

Braudel, F., Sozialgeschichte des 15~18. Jahrhunderts,3 Bde.,
München 1985/86.

Brenner, R. P., The Low Countries in the Transition to Capitalism, in:
Journal of Agrarian Change 1:2, 2001, 169~241쪽.

Brenner, R., Property and Progress: Where Adam Smith Went Wrong,
in: Ch. Wickham (Hg.), Marxist History−writing for the

Twenty-first Century, Oxford 2007, 49~109쪽.

Broadberry, St./B. Gupta, The early modern great divergence, in: The Economic History Review 59, 2006, 2~31쪽.

Bücher, K., "Gewerbe", in: Handwörterbuch der Staatwissenschaften, 4권, Jena 4판. 1927, 966~999쪽

Buchheim, Ch., Industrielle Revolutionen. Langfristige Wirtschaftsentwicklung in Großbritannien, Europa und in Übersee, München 1994. 이 책은 《세계의 산업혁명: 영국, 유럽 및 해외의 장기 경제발전》(크리스포트 부흐하임 저; 이헌대 옮김, 해남, 1998)으로 번역, 출간되었다.

Budde, G. (Hg.), Kapitalismus. Historische Annäherungen, Göttingen 2011.

Burnham, J., The Managerial Revolution, New York 1941.

Chandler, A. D. JR., Scale and Scope. The Dynamics of Industrial Capitalism, Cambridge, Mass. 1990.

Chandler A. D. Jr., The Visible Hand. The Managerial Revolution in American Business, Cambridge, Mass. 1977. 이 책은 《보이는 손》(앨프리드 챈들러 저; 김두얼, 신해경, 임효정 옮김, 지식을 만드는 지식, 2014)으로 번역, 출간되었다.

Chandrasekhar, C. P., From Dirigisme to Neoliberalism. Aspects of the Political Economy of the Transition in India, in: Development and Society 39:1, 2010, 29~59쪽.

Chaudhuri, K. N., Trade and Civilization in the Indian Ocean. An Economic History from the Rise of Islam to 1750, Cambridge 2005.

Christian, D., Maps of Time. An Introduction to Big History, Berkeley

2004. 이 책은 《시간의 지도: 빅 히스토리》(데이비드 크리스천 저; 이근영 옮김, 심산출판사, 2013)로 번역, 출간되었다.

Cipolla, C., Die Industrielle Revolution in der Weltgeschichte, in: K. Borchardt (Hg.), Die Industrielle Revolution, Stuttgart 1976, 1~10쪽.

Clark, G., The Condition of the Working Class in England, 1209~ 2004쪽, in: Journal of Political Economy 113쪽, 2005쪽, 1307~1340쪽.

Conert, H., Vom Handelskapital zur Globalisierung. Entwicklung und kritik der kapitalstischen Ökonomie, Münster 1998.

Conrad, S., Globalgeschichte. Eine Einführung, München 2013.

Cooper, F., Afrika in der kapitalistischen Welt, in: Randeria S./A/ Eckert (Hg.), Vom Imperialismus zum Empire, Frankfurt 2009, 37~73쪽.

Dahrendorf, R., Nach der Krise. Zurück zur Protestantischen Ethik?, in: Merkur 720, 2009, 373~381쪽.

De Roover, R., The Rise and Decline of the Medici Bank: 1397~1494, New York 1963.

De Vries, J./A. van der Woude, The first modern economy: success, failure and perseverance of the Dutch economy, 1500~ 1815, Cambridge 1997.

De Vries, J., The Industrious Revolution. Consumer Behaviour and the Household Economy 1650 to Present, Cambridge 2008.

Deutsche Bundesbank, Deutsches Geld-und Bankwesen in Zahlen 1876~1975, Frankfurt 1976.

Duplessis, R. S., Transitions to Capitalism in Early Modern Europe, Cambridge 1997.

Ehrenberg, R., Das Zeitalter der Fugger. Geldkapital und Krditverkehr im 16. Jahrhundert, 1권, Jena 1896.

Eisenberg, Ch., Embedding Markets in Temporal Structures, in: Historical Social Resarch 36, 2011, No. 3, 55~78쪽.

Eisenberg, Ch., Englands Weg in die Marktgesellschaft, Göttingen 2009.

Fernandez-Kelly, P./J. Shefner (Hg.), Out of the Shadows: Political Action and the Informal Economy in Latin America, Pennsylvania State Up (2002) 2006.

Findlay, R./K. H. O'Rourke, Power and Plenty. Trade, War, and the World Economy in the Second Millenium, Princeton 2007. 이 책은《권력과 부: 1000년 이후 무역을 통해 본 세계정치경제사》(로널드 핀들레이, 케빈 H. 오루크[공] 저; 하임수 옮김, 에코리브르, 2015)로 번역, 출간되었다.

Finley, M. I., The Ancient Economy, Berkeley 1973. 이 책은《서양고대경제》(M.I. 핀리 저; 지동식 옮김, 민음사, 1993)로 번역, 출간되었다.

Folsom, B. W./F. McDonald, The Myth of the Robber Barons. A New Look at the Rise of Big Business in America, Hemden, Va. 6판. 2010.

Frentrop, P., A History of Corporate Governance 1602~2002, Amsterdam 2002.

Fulcher, J., Kapitalismus, Stuttgart 2판. 2011.

Galbraith, J. K., Inequality and Instability. A Study of the World

Economy Just Before the Great Crisis, Oxford 2012.

Graeber, D., Schulden, Stuttgart 2011.

Grassby, R., The Idea of Capitalism Before the Industrial Revolution, Lanham 1999.

Hall, P. A./D. Soskice (Hg.), Varieties of Capitalism. The Institutional Foundations of Comparative Advantage, Oxford 2001.

Hanah, L., Corporations (and Alternatives) in America and Europe around 1910, Paper, Yale Economic History Workshop, Sept 16, 2013.

Hart, K., Informal income opportunities and urban employment in Ghana, in: Journal of Modern African Studies, 11, 1973, 61~89쪽.

Hartwell, R. M., The Origins of Capitalism, in: S. Pejovich (Hg.), Philosophical and economic foundations of capitalism, Lexington, Mass. 1983, 11~23쪽.

Harvey, D., Kleine Geschichte des Neoliberalismus, Zürich 2007.

Heck, G. W., Charlemagne, Muhammad and the Arab Roots of Captialism, Berlin 2006.

Heynen, R., Zur Enstehung des Kapitalismus in Venedig, Diss. München 1905.

Hilger, M.E., "Kapital, Kapitalist, Kapitalismus", in: O.Brunner u. a. (Hg.), Geschichtliche Grundbegriffe, 3권, Stuttgart 1982, 339~454쪽.

Hirschman, A. O., Rival Views of Market Society and Other Recent Essays, Cambridge, Mass. 1992.

Hobsbawm, E. J., Industrie und Empire, 1권, Frankfurt 1969. 이 책은 《산업과 제국: 산업시대 영국 경제와 사회》(에릭 홉스봄 저; 전철환, 장수한 옮김, 한벗, 1984)로 번역, 출간되었다.

Hobson, J. A., The Evolution of Modern Capitalism, London 1894.

Honegger, C. u. a. (Hg.), Strukturierte Verantwortungslosigkeit. Berichte aus der Bankenwelt, Frankfurt 2010.

Hung, H., Labor Politics under Three Stages of Chinese Capitalism, in: The South Atlantic Quarterly 112쪽, 2013쪽, 203～212 쪽

Ingham, G., Capitalism, New York (2008) 2011. 이 책은 《자본주의 특강》(제프리 잉햄 저; 홍기빈 옮김, 삼천리, 2013)으로 번역, 출간되었다.

Inikori, J. E., Africans and the Industrial Revolution in England, Cambridge 2002.

Inkster, I., The Japanese Industrial Economy, London 2001.

James, H., Finance Capitalism, Manuskript 2013.

Kalleberg, A. L., Precarious Work, Insecure Workers. Employment Relations in Transition, in: American Sociological Review 74, 2009, 1～22쪽.

Keynes, J. M., The End of Laissez-Faire, Dubuque, Iowa 1927. 이 책은 《자유방임의 종언》(J. M. 케인스 저; 김윤환 옮김. 법문사, 1959)으로 번역, 출간되었다.

Keynes, J. M., The General Theory of Employment Interest and Money, New York 1936. 이 책은 《고용, 이자 및 화폐에 관한 일반이론》(존 메이너드 케인스 지음; 박만섭 옮김, 지식을 만드는 지식: 커뮤니케이션북스, 2011)으로 번역, 출간되었다.

Kindleberger, Ch. P., "The Great Transformation" by K. Polanyi in: Daedalus 103, 1974, No. 1, 45~52쪽.

Kindleberger, Charles P./R. Aliber, Manias, Panics and Crashes. A History of Financial Crises, Hoboken N. J. 5판. 2005. 이 책은 《광기, 패닉, 붕괴: 금융위기의 역사》(찰스 P. 킨들버거, 로버트 Z. 알리버 [공]지음; 김홍식 옮김, 굿모닝북스, 2006) 로 번역, 출간되었다.

Kirshner, J., Appeasing bankers. Financial caution on the road to war, Princeton 2007.

Kocka, J., Arbeitsverhältnisse und Arbeiterexistenzen. Grundlagen der Klassenbildung im 19. Jahrhundert, Bonn 1990. 이 책은 《임노동과 계급 형성》(위르겐 코카 지음; 한운석 옮김, 한마당 글집, 1987)으로 번역, 출간되었다.

Kocka, J., Familie, Unternehmer und Kapitalismus. An Beispielen aus der frühen deutschen Industrialisierung, in: Zeitschrift für Unternehmensgeschichte 24, 1979, 99~135쪽.

Kocka, J., Grenzen von Markt und Staat, in: Neue Gesellschaft/ Frankfurter Hefte 9/2012, 38~40쪽.

Kocka, J., Legitimitätsprobleme und -strategien der Unternehmer und Manager im 19. und 20. Jahrhundert, in: H. Pohl/W. Treue (Hg.), Legitimation des Managements im Wandel, Wiesbaden 1983, 7~21쪽.

Kocka, J., Lohnarbeit und Klassenbildung. Arbeiter und Arbeiterbewegung in Deutschland 1800~1875, Berlin 1983.

Kocka, J., Siemens und der aufhaltsame Aufstieg der AEG, in:

Tradition 17, 1972, 125~142쪽.

Kocka, J., Der Kapitalismus und seine Krisen in historischer Perspektive, in: ders., Arbeiten an der Geschichte, Göttingen 2011, 307~322쪽, 390~395쪽.

Kornai, J., The Socialist System. The Political Economy of Communism, Princeton 1992.

Kriedte, P. u. a., Industrialisierung vor der Industrialisierung, Göttingen 1977.

Kriedte, P., Spätfeudalismus und Handelskapital. Grundlinien der europäischen Wirtschaftsgeschichte vom 16. bis zum Ausgang des 18. Jahrhunderts, Göttingen 1980.

Krippner, G. R., Capitalizing on Crisis. The Political Origins of the Rise of Finance, Cambridge 2011.

Kulischer, J., Allgemeine Wirtschaftsgeschichte des Mittelalters und der Neuzeit, 2권, Wien 3판. 1965.

Kwon, O. Yul., The Korean Economy in Transition, Cheltenham 2010.

Le Goff, J., Kaufleute und Bankiers im Mittelalter, Frankfurt 1993.

Le Goff, J., Le Moyen Age et l'argent, Paris 2010. 이 책은 《중세와 화폐》 (자크 르 코프 지음; 안수연 옮김, 에코리브르, 2011)로 번역, 출간되었다.

Lee, Ching Kwan, Against the Law. Labour Protests in China's Rustbelt and Sunbelt, Berkeley 2007.

Lis, K./H. Soly, Worthy Efforts: Attitudes to Work and Workers in Pre-Industrial Europe, Leiden 2012.

Lu, H., Arrested Development: Cotton and Cotton Markets in Shanghai, 1350~1843, in: Modern China 18, 1992, 468~499쪽.

Lucassen, J. (Hg.), Global Labour History, Bern 2006.

Maier, A., Der Heuschrecken-Faktor. Finanzinvestoren in Deutschland, München 2007.

Maiti, D./K. Sen, The Informal Sector in India. A Means of Exploitation or Accumulation?, in: Journal of South Asian Development 5, 2010, 1~13쪽.

Mann, M., The sources of social power, 1~4권, Cambridge 1993~2013.

Marx K./F. Engels, Werke, 1~45권, Berlin 1956~1990 (약칭: MEW).

Meiksins Wood, E., The Origin of Capitalism. A Longer View, London 2002. 이 책은 《자본주의의 기원: 장기 고찰》(엘린 메익신스 우드 지음; 정이근 옮김, 경성대학교출판부, 2002)로 번역, 출간되었다.

Mendels, F., Proto-Industrialization, The First Phase of the Industrialization Process, in: Journal of Economic History 32, 1972, 241~261쪽.

Miegel, M., Exit. Wohlstand ohne Wachstum, Berlin 2010. 이 책은 《성장의 광기》(마인하르트 미겔 지음; 이미옥 옮김, 뜨인돌, 2011)로 번역, 출간되었다.

Mielants, E. H., The Origins of Capitalism and the "Rise of the West", Philadelphia 2007. 이 책은 《자본주의의 기원과 서양의 발흥: 세계체제론과 리오리엔트를 재검토한다》(에릭 밀란츠 지음; 김병순 옮김, 항아리, 2012)로 번역, 출간되었다.

Mihm, St./N. Roubini, Das Ende der Weltwirtschaft und ihre Zukunft, Frankfurt 2010.

Milanovic, B., A short history of global inequality. The past two centuries, in: Explorations in Economic History 48, 2011, 494~506쪽.

Mommsen, W., Die Wirtschaftsgesinnung des modernen, marktorientierten Kapitalismus, in: L'éthique protestante de Max Weber et l'esprit de la modernité, Paris 1997, 208~224쪽.

Muller, Jerry Z., The Mind and the Market. Capitalism in Western Thought, New York (2002) 2003. 이 책은 《자본주의의 매혹: 돈과 시장의 경제사상사》(제리 멀러 지음; 서찬주, 김청환 옮김, Human&Books, 2015)로 번역, 출간되었다.

Myant, M./J. Drahokoupil, Transition Economics: Poltical Economy in Russia, Eastern Europe, and Central Asia, London 2010.

Naughton, B., The Chinese Economy. Transition and Growth, Cambridge, Mass. 2007. 이 책은 《중국경제: 시장으로의 이행과 성장》(Barry Naughton 지음; 이정구, 전용복 옮김, 서울경제경영, 2010)으로 번역, 출간되었다.

North, M., Geschichte der Ostsee. Handel und Kulturen, München 2011.

O'Brien, P., European Economic Development. The Contribution of the Periphery, in: Economic History Review 35:1, 1982, 1~18쪽.

Ogilvie, S./M. Zerman (Hg.), European Proto-Industrialization, Cambridge 1996.

Ogilvie, S., Institutions and European Trade. Merchant Guilds 1000~
1800, Cambridge 2011.

Osterhammel, J./N. P. Petersson, Geschichte der Globalisierung,
München 2007. 이 책은 《글로벌화의 역사》(위르겐 오스터함
멜, 닐스 P. 페테르손 지음; 배윤기 옮김, 에코리브르, 2013)
로 번역, 출간되었다.

Osterhammel, J., Die Verwandlung der Welt. Eine Geschichte des 19.
Jahrhunderts, München 2009.

Osterhammel, J., J. A. Schumpeter und das Nicht−Ökonomische in
der Ökonomie, in: KZSS 39, 1987, 40~58쪽.

Passow, R., "Kapitalismus", Jena 2판. 1927.

Plumpe, W., Wirtschaftskrisen. Geschichte und Gegenwart, München
2010.

Polanyi, K., The Great Transformation, New York 1944. 이 책은 《거대
한 전환: 우리 시대의 정치 · 경제적 기원》(칼 폴라니 지음; 홍
기빈 옮김, 길, 2009)으로 번역, 출간되었다

Proudhon, P.−J., Idée générale de la révolution au dix−neuviéme
siécle, Paris 1851.

Ptak, R., Die chinesische maritime Expansion im 14. und 15.
Jahrhundert, Bamberg 1992.

Redlich, F., Der Unternehmer, Göttingen 1964.

Reinhard, W., Geschichte der Europäischen Expansion, 2권, Stuttgart
1985.

Reinhard, W., Kleine Geschichte des Kolinialismus, Stuttgart 2판 2008.

Rodinson, M., Islam and Capitalism, London 2007.

Rösner, W., Die Bauern in der Europäischen Geschichte, München 1993.

Rothschild, E., Economic Sentiments. Adam Smith, Condorcet and the Enlightenment, Cambridge, Mass. 2001.

Sandel, M. J., Was man für Geld nicht kaufen kann. Die moralischen Grenzen des Marktes, Berlin 2012.

Schäffle, A. E. F., Kapitalismus und Socialismus mit besonderer Rücksicht auf Geschäfts – und Vermögensformen, Tübingen 1870.

Schama, S., Überfluß und schöner Schein. Zur Kultur der Niederlande im Goldenen Zeitalter, Frankfurt/Main 1988.

Schilling, H., Die neue Zeit. Vom Christenheitseuropa zum Europa der Staaten. 1250 bis 1750, Berlin 1999.

Schilling, H., Martin Luther. Rebell in einer Zeit des Umbruchs. München 2012.

Schluchter, W., Die Entzauberung der Welt. Sechs Studien zu Max Weber, Tübingen 2009.

Schmid, G./P. Protsch, Wandel der Erwerbsformen in Deutschland und Europa. Discussion paper SPI 2009~2505쪽, Berlin (WZB) 2009.

Schultz, K., Handwerk, Zünfte und Gewerbe. Mittelalter und Renaissance, Darmstadt 2010.

Schumpeter, J., Kapitalismus, Sozialismus und Demokratie, Tübingen 8판. 2005.

Schumpeter, J., Theorie der wirtschaftlichen Entwicklung, München 2

판. 1926. 이 책은 《경제발전의 이론》(조지프 슘페터 지음; 박영효 옮김, 지식을만드는지식: 커뮤니케이션북스, 2011)으로 번역, 출간되었다.

Schumpeter, J., Konjunkturzyklen, Göttingen (1961) 2010.

Segre, S., A Comment on a Recent Work by Heinz Steinert on Max Weber, in: Österreichische Zeitschrift für Geschichtswissenschaften 23, 2012, 16~32쪽.

Sennett, R., Der flexible Mensch. Die Kultur des neuen Kapitalismus, Berlin 1990.

Shadwell, A., Capitalism, in: Edinburgh Review 232 (Juli 1920), 69~83쪽; 233 (Jan u. Apr. 1921), 80~99쪽, 371~386쪽.

Sinn, H.-W., Kasino-Kapitalismus, Berlin 2009.

Sokoll, T., Europäischer Bergbau im Übergang zur Neuzeit, Idstein 1994.

Sombart, W., Der moderne Kapitalismus, 2권, Leipzig 1902.

Soros, G., The Crisis of Global Capitalism, New York 1998. 이 책은 《세계 자본주의의 위기: 열린 사회를 향하여》(조지 소로스 지음; 형선호 옮김, 김영사, 1998)로 번역, 출간되었다.

Spree, R. (Hg.), Konjunkturen und Krisen in der Neueren Geschichte (=Jahrbuch für Wirtschaftsgeschichte 2011/1).

Spuler, B., Iran in früh-islamischer Zeit, Wiesbaden 1952.

Standing, G., Economic Insecurity and Global Casualization. Threat or Promise?, in: Social Indicators Research 88, 2008, 15~30쪽.

Stark, W., Techniken und Organisationsformen des Hansischen

Handels im Spätmittelalter, in: Jenks, S./M. North (Hg.), Der Hansische Sonderweg?, Köln 1993, 101~201쪽.

Stearns, P. N., The Industrial Revolution in World History, Boulder, CO 1993.

Steinert, H., Max Webers unwiderlegbare Fehlkonstruktionen. Die protestantische Ethik und der Geist des Kapitalismus, Frankfurt 2010.

Streeck, W., Gekaufte Zeit. Die vertagte Krise des demokratischen Kapitalismus, Frankfurt 2013. 이 책은 《시간벌기: 민주적 자본주의의 유예된 위기》(볼프강 슈트렉 지음; 김희상 옮김, 돌베개, 2015)로 번역, 출간되었다.

Streeck, W., Reforming Capitalism: Institutional Change in the German Political Economy, Oxford 2009.

Subrahmanyam, S. (Hg.), Money and the Market in India 1100~1700쪽, Oxford 1994.

Swanson, P., An Introduction to Capitalism, London 2013.

Temin, P., The Roman Market Economy, Princeton 2012.

Thompson, E. P., The making of the English working class, London 1963. 이 책은 《영국 노동계급의 형성》(에드워드 파머 톰슨 지음; 나종일[외] 옮김, 창비, 2000)으로 번역, 출간되었다.

Thompson, E. P., The moral economy of the English crowd in the 18th century, in: Past and Present 50, 1971, 76~136쪽.

Tilly, Ch., Demographic Origins of the European Proletariat, in: D. Levine (Hg.), Proletarianization and Family History, Orlando 1984, 1~85쪽.

Tripp, Ch., Islam and the moral Economy. The Challenge of Capitalism. Cambridge 2006.

Udovitch, A. L., Partnership and Profit in Medieval Islam, Princeton 1970.

Van Bavel, B., The Medieval Origins of Capitalism in the Netherlands, in: Low Countries Historical Review 125, 2010, No. 2~3, 45~79쪽.

Van der Linden, M., Workers of the World. Essays Toward a Global Labor History, Leiden 2008.

Van der Linden, M./J. Rojahn (Hg.), The Formation of Labour Movements 1870~1914, 2권, Leiden 1990.

Van der Wee, H./G. Kurgan-van Hentenryk (Hg), A History of European Banking, Antwerpen 2판. 2000.

Van Zanden, J. L, u. a., The Changing Shpae of Global Inequality 1820~ 2000, in: Review of Income and Wealth, Oxford 2013, 1~19쪽.

Van Zanden, J. L, Tracing the Beginning of the Kuznets Curve: Western Europe during the Early Modern Period, in: The Economic History Review 48, 1995, 643~664쪽.

Vogl, J., Das Gespenst des Kapitals, Zürich 2판. 2010/11.

Vosco, L. F. u. a. (Hg.), Gender and the Contours of Precarious Employment, New York 2009.

Vries, P., Europe and the Rest. Braudel on Capitalism, in: G. Garner/ M. Middell (Hg.) Aufbruch in die Weltwirtschaft. Braudel wiedergelesen, Leipzig 2012, 81~144쪽.

Vries, P., Ursprünge des modernen Wirtschaftswachstums, Göttingen 2013 (im Erscheinen).

Wallerstein, I., The Modern World-System, 1~4권, 1974, 1980, 1989, 2011. 이 책은 《근대세계체제(1~3)》(이매뉴얼 월러스틴 지음; 나종일[외] 옮김, 까치글방, 2013)로 번역, 출간되었다.

Weber M., Gesammelte Aufsätze zur Religionssoziologie 1 u. II, Tübingen 1988. 이 책은 《막스 베버 사회과학방법론 선집》(막스 베버 지음; 전성우 옮김, 나남, 2011)으로 번역, 출간되었다.

Weber, M., Abriss der Universalen Sozial-und Wirtschaftsgeschicthe (= Max Weber Gesamtausgabe, 6권), Tübingen 1912.

Weber, M., Wirtschaft und Gesellschaft. Grundriß der verstehenden Soziologie, Studienausgabe, 2 Halbbde, Köln 1964.

Weber, M., Zur Sozial- und Wirtschaftsgeschichte des Altertums. Schriften und Reden 1893~1908 (= Max Weber Gesamtausgabe 1/6), Tübingen 2006.

Wehler, H.-U., Die neue Umverteilung. Soziale Ungleichheit in Deutschland, München 2013.

Williams, R., Keywords. A Vocabulary of Culture and Society, New York 1976.

Windolf, P. (Hg.), Finanzmarkt-Kapitalismus. Analysen zum Wandel von Produktionsregimen, Wiesbaden 2005.

Winkler, H. A. (Hg.), Organisierter Kapitalismus. Voraussetzungen und Anfänge, Göttingen 1974.

Wolfe, T., Fegefeuer der Eitelkeiten. Roman, Reinbek 2005.

Zelin, M., The Merchants of Zigong. Industrial Entrepreneurship in Early Modern China, New York 2005.

인명 색인